LE DILEMME
RUSSO - POLONAIS

DU MÊME AUTEUR

Kobieta i kobiecosc w poezyi J. Slowackiego. — La Femme dans la poésie de J. Slowacki, une étude littéraire. Varsovie, 1910.

Zygmunt Krasinski. — Une esquisse sur la vie et l'œuvre du poète. Varsovie, 1912.

Dzielo i tworca. — Recueil d'études et d'essais littéraires (prix de l'Institut Mianowski). Varsovie, 1914.

Na wazkiej miedzy snu i burzy. — Un volume de poésies. Varsovie, 1914.

Mickiewicziana. — Études et notes sur les relations de Mickiewicz et de Quinet.

L'Effort vital de la Pologne contemporaine (en collaboration avec M. Noir). Paris, Fischbacher, 1917.

La Patrie musicale de Chopin. Paris, B. Roudanez, 1917.

Hommage polonais à Verhaeren (une plaquette). Paris, Flinikowski, 1918.

L'Idéal moral et politique dans la littérature polonaise (en préparation).

Bibliothèque Politique et Economique

Z.-L. ZALESKI

CHARGÉ DE COURS A L'ÉCOLE NATIONALE DES LANGUES ORIENTALES

Le Dilemme Russo-Polonais

L'ALLIANCE FRANCO-RUSSE ET LA POLOGNE

LES DEUX CONCEPTIONS DE L'ORDRE ET DE LA LIBERTÉ

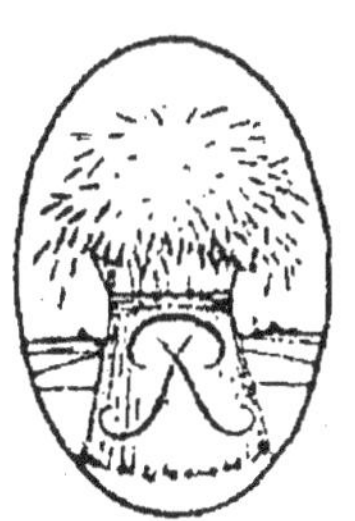

PAYOT, PARIS

Z.-L. ZALESKI

CHARGÉ DE COURS A L'ÉCOLE NATIONALE DES LANGUES ORIENTALES

LE DILEMME RUSSO-POLONAIS

L'ALLIANCE FRANCO-RUSSE ET LA POLOGNE

LES DEUX CONCEPTIONS DE L'ORDRE ET DE LA LIBERTÉ

PAYOT & Cie, PARIS

106, BOULEVARD SAINT-GERMAIN, 106

1920

Tous droits réservés.

AVANT-PROPOS

La présente étude sur les « deux conceptions de l'ordre et de la liberté » a pour base
une série de conférences faites à l'École des
Hautes-Études sociales en décembre 1917, et à
l'École des Langues orientales au courant de
l'hiver suivant, en 1918 (1).

Avec mon ami Bohdan Winiarski, professeur de droit à l'Université de Posen, arrivé
— ou plutôt évadé — alors de Petrograd, nous
voulions entretenir le public français de ce
vieux problème, Russie-Pologne, que les événements venaient d'imposer à l'attention universelle avec une si dramatique violence. Nous
jugeâmes opportun de nous attaquer à quelques
préjugés sur la Pologne, admis couramment
en France : l'anarchie polonaise, le manque

(1) La première partie de cette étude a paru récemment
au *Mercure de France*, 15 juin 1920.

d'esprit organisateur, l'incapacité de se gouverner, l'impossibilité de créer un État, voilà, certes, des affirmations toutes gratuites, mais que la propagande des États copartageants s'employait à répandre avec beaucoup d'habileté et de zèle (1). Fait plus grave, la politique française de ce temps semblait, elle aussi, ne pas complètement dédaigner ces suggestions pessimistes.

Depuis, il est vrai, les événements changèrent de face avec une rapidité vertigineuse. Il y a quelques années encore, un éminent publiciste, répondant à des réclamations inquiètes et si justifiées d'ailleurs, prenait la peine de nous avertir que la France ne ferait pas la guerre à son alliée pour les beaux yeux des Polonais. Or, aujourd'hui, c'est précisément la Pologne qui, en défendant la civilisation occidentale, vient de repousser victorieusement la vague impétueuse du bolchevisme russe. Il fallut un siècle pour anéantir l'État polonais, il a suffi de quelques années pour le rétablir dans la plénitude de sa puissance. C'est une grave leçon de morale historique, bonne à méditer pour les calculateurs trop subtils. Elle

(1) Ceci ne veut point dire que, même à l'époque des plus douloureuses épreuves, la Pologne manquât d'amis sûrs en France. Bien au contraire, ce fut même un spectacle émouvant de voir des hommes, représentant les opinions et les milieux les plus variés, communier dans ce noble dévouement à la « lointaine cause » polonaise. Leur ardent optimisme n'a eu d'égal que leur absolu désintéressement. La Pologne s'en souviendra.

enseigne avant tout que, même en supprimant l'Etat, les trois puissances copartageantes n'ont pas réussi à atteindre la réalité primordiale : la Nation, et que cette Nation n'a jamais cessé — du moins moralement — de réaliser sa liberté dans le cadre des conditions qu'elle avait à subir. Les préjugés cependant ont une vie tenace, surtout dans le monde universitaire, probablement parce que, pour y mieux apprendre, on y oublie plus difficilement. Un de nos amis sincères qui, malgré nos défauts si terribles, trouve encore moyen de nous juger « sympathiques », m'avoua au cours d'une conversation : « Je crains qu'il soit tout aussi difficile d'imposer l'ordre en Pologne que de faire subir la liberté à la Russie. » Ce jugement, d'une impartialité si géométrique, ne nous paraît pourtant pas conforme à la réalité et l'histoire semble déjà avoir détruit sa symétrie excessive : La Pologne, en effet, vient de faire un dur et long apprentissage de l'ordre; la Russie n'a pas encore connu ni « subi » la liberté.

Dans les pages qui suivent, c'est cet important problème européen des rapports russo-polonais que j'ai essayé de poser *historiquement* et *moralement*. Tout en m'attachant à dégager ce fascinant contraste de deux vies nationales, je me suis efforcé à ne pas le revêtir de formules par trop géométriques. J'ai eu donc soin de plier la « méthode », de modeler les procédés d'investigation suivant le contour intérieur des deux réalités historiques russe et polonaise. C'est pourquoi, malgré le désir de condenser et de serrer le sujet, je m'étends un peu plus sur l'histoire et sur les institutions politiques de la Pologne, créées par l'effort spontané de la société et comme jaillies de la vie polonaise. Dans la partie concernant la Russie, j'ai pris l'autocratie et le « mir » — ces deux données primordiales de l'existence russe — comme principal point d'appui et objet central de notre étude. Mais il a fallu les compléter par d'assez abondants traits sociaux et psychologiques, puisés dans la merveilleuse production littéraire qui fut, depuis longtemps, l'expression profonde et pathétique du « mal russe », annonciateur du grand bouleversement. Car cette littérature, dans son tourment atroce et fou, ne cessait d'anticiper l'avenir, tout comme la poésie polonaise ne se lassait pas d'exprimer l'inextinguible soif de la force et de la liberté...

Malgré sa qualité de Polonais, l'auteur s'est efforcé d'étudier les choses russes, non seulement avec un souci naturel d'impartialité, mais aussi avec cette franche sympathie qui n'exclut d'ailleurs nullement l'ardente controverse.

Lors de nos conférences, mon ami et moi, nous avions pensé que la meilleure politique d'un professeur est de ne point faire de politique, du moins en professant. C'est peut-être une sorte de préjugé classique sur « la distinction de genres » qui nous a guidés. Pour ma part, je ne regrette pas d'y être resté fidèle. Je me suis donc constamment appliqué à éliminer du présent parallèle les considérations strictement politiques. Qu'il me soit permis de rendre maintenant un léger tribut à l'actualité, et de tracer une esquisse succincte de l'aspect politique du problème russo-polonais du point de vue français et européen. En France, on l'a envisagé trop souvent à travers l'Alliance qui pendant vingt-cinq ans a uni la République et l'Empire des tsars. C'est de ce côté qu'il nous semble aussi le plus naturel de l'aborder.

Z.-L. Z.

Paris, mars 1920.

INTRODUCTION

L'ALLIANCE FRANCO-RUSSE
ET LA POLOGNE (1)

« La victoire permet à la France de se débarrasser à la fois de son ennemi le plus implacable et de son alliée la plus compromettante. » Ce « mot » d'un éminent publiciste, prononcé dans le vacarme magnifique de la victoire, exprime-t-il tout simplement un mélange de fierté qui sied au vainqueur, et de dépit provoqué par les méfaits du bolchevisme ? Énonce-t-il au contraire une opinion mûrement réfléchie et basée sur des faits ? La première partie de cette boutade paraît aujourd'hui manifestement trop optimiste... car, malgré la victoire, l'ennemi demeure et l'unité de l'Empire allemand, proclamée jadis à Versailles, vient d'y être consacrée solennellement.

Quant à l'« alliance compromettante » avec la Russie tsariste, il serait utile, encore que difficile, de

---

(1) Article paru dans le *Correspondant* du 10 juin 1920.

l'examiner *sine ira* et sous le double point de vue de son utilité dans le passé et de son opportunité dans l'avenir. Au fond, la question importante est celle-ci : l'alliance franco-russe correspondait-elle à une situation internationale passagère, à un ordre de choses européen accidentel que la grande guerre vient de bouleverser sinon de renverser complètement? Ce qui frappe tout d'abord dans l'histoire de l'alliance franco-russe, c'est la disproportion des motifs qui ont déterminé les deux parties à conclure ce pacte. Voici en quelques mots l'origine de l'alliance vue du côté russe.

Les relations russo-allemandes — ou plus exactement russo-prussiennes — empreintes jusqu'alors d'une cordialité si franche, deviennent, comme on le sait, plus froides à la suite du traité de Berlin de 1878. En 1887, cet état de tension s'aggrave. L'Allemagne soutient alors, en Bulgarie, Ferdinand de Saxe-Cobourg, candidat autrichien, combattu ouvertement par le gouvernement russe. Elle dissimule d'ailleurs de son mieux cet appui et proclame son désintéressement complet dans cette affaire.

Grâce à M. Flourens, ministre français des Affaires étrangères, l'empereur Alexandre III acquiert les preuves du double jeu allemand. Il s'ensuit une entrevue quelque peu orageuse à Berlin, où Bismarck, à grands frais de protestations et d'éloquence, réussit à dissiper, bien qu'incomplètement, la méfiance de l'autocrate. La même année, cependant, le gouvernement de Berlin décide l'exclusion des valeurs russes du marché allemand. La Russie est donc bien obligée cette fois de chercher l'appui financier de la France.

Du côté français, c'est tout différent. Le traité de Francfort laissa la France dans un isolement qui ne fut point « splendide », mais qui, par contre, dut

paraître aux politiques avertis franchement inquiétant. La France semble être placée alors devant ce
dilemme : l'Angleterre ou la Russie. Mais l'Angleterre
vient précisément de rompre le condominium en
Égypte et un malaise naturel, augmenté encore par
l'opposition de la politique coloniale des deux puissances, en résulte (1). Il reste — à vrai dire — encore
une troisième issue : se rapprocher de l'Allemagne.
Mais le patriotisme français s'y refuse obstinément.
On comprend très bien en France que *rapprochement*
voudrait dire ici *soumission*, c'est-à-dire affirmation
définitive de la défaite, acceptation de la « garantie »,
consentement à la « pénétration pacifique », suivie de
tout un cortège d'humiliations avec, peut-être, la
perte effective de l'indépendance nationale au terme
de cette douloureuse perspective. La diplomatie française, consciente de ces dangers, se dirige alors résolument vers l'Empire des tsars, dont l'immense
étendue, les vastes perspectives d'avenir et jusqu'à
cet orientalisme fastueux, mi-byzantin, mi-asiatique,
devaient raffermir les cœurs et surtout encourager
l'imagination politique anémiée par la défaite.

La tâche ordinaire de la diplomatie n'est pas de créer
les situations internationales, mais de les dégager de la
complexité des événements et de les exploiter. Nous
avons vu comment se présentait la « situation russe »
à la veille de l'Alliance : la Russie, jusque-là unie à
l'Allemagne par des liens d'une fidèle amitié historique, s'impatiente des procédés équivoques de Bismarck ; elle a besoin, en outre, d'une aide financière
efficace. La diplomatie française y perçoit les élé-

(1) Cette opposition s'atténuera d'ailleurs visiblement
après la chute du ministère Jules Ferry et surtout à cause
des ambitions coloniales de l'Allemagne qui, précisément
vers cette époque, commence à inquiéter l'Angleterre.

ments nécessaires pour détacher la Russie de l'Allemagne et pour l'associer à la politique française de défense et d'équilibre européen. Les dirigeants français ne se dissimulent point les difficultés de l'entreprise, mais ils en escomptent et en apprécient hautement les résultats. La diplomatie agit en conséquence : elle exploite habilement le malaise russo-allemand, elle encourage l'épargne française, les financiers français à être larges et généreux. La Russie, aux appétits fortement éveillés, mord à l'amorce dorée et se laisse... courtiser. La diplomatie française, qui s'engage résolument dans le dédale de la cour pétersbourgeoise, n'a pas trop de toute sa finesse et de tout son tact pour empêcher de se rompre ce fil d'or de l'amitié naissante et pour aboutir. Un souverain difficile, autocrate ombrageux, un ministre des Affaires étrangères, M. de Giers, germanophile avéré, et qui excelle dans l'art des atermoiements et des interprétations méticuleuses, enfin tout un ensemble d'habitudes acquises par une pratique invétérée de l'amitié russo-allemande, voilà les difficultés et les « obstacles diplomatiques » qu'il faut vaincre ou tourner.

Quand on relit les nombreux rapports et notes échangés par les deux gouvernements français et russe pendant la période préparatoire de l'alliance, on ne peut manquer d'être frappé de la constante initiative de la diplomatie française toujours prête à formuler et à « réaliser » l'accord en consentant aux sacrifices nécessaires, et de la non moins constante passivité du gouvernement russe, s'ingéniant toujours à retarder la décision et à éviter les précisions. Cela apparaît surtout quand il s'agit de la convention militaire qui, par définition, doit être précise et explicite. « Mais pourquoi vouloir signer — disait, le 2 août 1892, le général Obroutcheff, chef de l'état-major russe, au

général de Boisdeffre, représentant de la France —
pourquoi vouloir signer une convention militaire?
Les conventions signées d'avance n'ont jamais été
exécutées; il suffit de s'entendre entre honnêtes gens
et de se donner sa parole (1). » Et le général de Boisdeffre, rendant compte à son chef de ces pourparlers,
avouait franchement : « Je suis sorti de ce premier
entretien avec une assez triste impression, et assez
inquiet des réticences et des atermoiements entrevus
au début (2). » En effet, dans tous ces difficultueux
pourparlers, la Russie fait figure d'une grande amou-
reuse qui cède à « un autre » parce que le véritable
amant était trop sûr de sa fidélité et aussi parce que
« l'autre » était vraiment « très bien », très assidu, et
surtout... très généreux.

* *
*

Mais s'il en est ainsi, il est aisé de découvrir cet
amant véritable, l'Allemagne. Et contrairement à
l'habitude, qui est de considérer un grand attachement comme nécessairement irraisonné, il n'est point
impossible d'indiquer ici ses causes profondes et déci-
sives. Cherchant à éviter la signature de la convention militaire proposée par la France, le général
Obroutcheff s'exerce à imaginer différents prétextes.
Tantôt, c'est la maladie de M. de Giers, qui « serait
cause de très grands retards »; tantôt, c'est un article
du *Figaro* (Alliance ou Flirt); tantôt, c'est l'Empereur lui-même qui « est fort peu disposé à voir échan-
ger des signatures »; tantôt, enfin, ce sont les formes
constitutionnelles du régime français. Tout à coup,

(1) Livre jaune, n° 53, In H. WELSCHINGER, *Alliance franco
russe.* Paris, Alcan, 1918, p. 155.
(2) *Ibid.*

la vérité éclate. Visiblement las de ce jeu diplomatique stérile, le général avoue : « Il n'y a pas d'Allemagne ni d'ennemi principal... Si le gros des forces qui nous menacent est autrichien, il faut marcher contre lui et le battre ; c'est pour nous l'ennemi principal (1) ». Et malgré les arguments tout à fait décisifs du général de Boisdeffre, il maintint son point de vue obstinément : « ... il (le général Obroutcheff) m'a répété — écrit le 3 août le général de Boisdeffre — que c'était l'armée autrichienne qui était pour eux l'ennemi principal et j'ai reproduit mes arguments. Mais il n'a pas modifié sa manière de voir (2) ». Après la discussion des articles du projet, le représentant russe s'obstine toujours : « Malgré tout ce que vous m'avez dit, je ne puis, dit-il, modifier ma manière de voir en ce qui concerne l'Allemagne (3) ».

Que voulait donc dire ce prodigieux entêtement ?

Le projet français de convention militaire proposait la mobilisation simultanée en France et en Russie « dans le cas où les forces de la Triple Alliance ou seulement de l'Allemagne viendraient à se mobiliser (4) ». C'est ce « seulement de l'Allemagne » que les Russes ne voulaient accepter en aucune façon. « La manière de voir » du général signifierait-elle donc que la mobilisation de l'*Allemagne seule* ne serait pas de nature à inquiéter la Russie ? Mais cette puissance avait-elle donc des raisons spéciales pour le croire ? En tout cas, il est évident que la question strictement militaire fut chez les Russes nettement dominée par des préoccupations politiques et que ces préoccupations politiques . s'orientaient principale-

(1) Livre jaune, n° 53, *Ibid.*
(2) *Ibid.*, n° 53.
(3) *Ibid.*
(4) *Ibid.* n° 47, Annexe à la dépêche du 28 juillet 1892.

ment sinon uniquement du côté des Balkans, c'est-à-
dire contre l'Autriche et la Roumanie. En concluant
l'Alliance, le jeu de la Russie consisterait donc en
ceci : exploiter financièrement l'entente avec la France
et, tout en dirigeant sa politique contre un des
membres de la Triplice, l'Autriche, s'engager le moins
possible contre l'Allemagne, ou même ne point s'engager du tout.

*
* *

Les causes de cette « indifférence russe » pour le
« danger allemand » furent certes multiples, mais
l'une, essentielle, mérite d'être signalée et soulignée.
Toute la politique de solidarité franco-russe en face
de l'Allemagne se basait implicitement sur un fait
géographique : la frontière commune des deux États,
l'Allemagne et la Russie. Le voisinage entre les deux
puissances de proie, par définition, ne pouvait être un
« bon voisinage ». Une frontière commune équivau-
drait à un conflit permanent : choc continu d'ambitions et choc d'appétits... Or, cette supposition
n'était qu'une fiction. En réalité, si les limites con-
ventionnelles des deux Empires coïncidaient sur les
cartes, les nations russe et allemande ne voisinaient
nulle part. Les immenses étendues de l'ancienne
République polono-lithuanienne les séparaient de la
façon la plus manifeste. Les populations de ces territoires — polonaise, lithuanienne, lettone, ukrai-
nienne, blanc-ruthène — n'avaient rien de commun
avec les Russes ni avec les Allemands. Au contraire,
l'idée commune de l'Union libre, c'est-à-dire d'une
association fédérative, les maintenait toutes dans un
seul cadre moral et politique. L'élément polonais, le
plus cultivé et le plus nombreux, représentant la

civilisation occidentale, y jouait le rôle de régulateur et de gardien de l'unité. Pendant quatre siècles (1386-1772), cette organisation politique demeure à peu près intacte au dehors et devient de plus en plus homogène à l'intérieur. Jamais, enfin, elle ne cessa d'être, selon le mot désormais historique, « un élément primordial de l'équilibre européen (1) ».

Cependant, vers le milieu du dix-huitième siècle, une suite de succès politiques enfla démesurément les ambitions de la Prusse et de la Russie. Simultanément, leurs âpres convoitises s'orientèrent vers les territoires polonais. La solidarité russo-allemande naquit. Si l'on se borne aux faits précis, c'est le 8 juin 1762 que le premier traité d'alliance russo-prussien est conclu à Saint-Pétersbourg. Ce traité est suivi d'une « convention secrète » en 1764 et d'une autre en 1767, enfin d'un nouveau traité en 1769 et d'un nombre considérable d'échanges de vues. Tous ces accords sont basés sur une *solidarité de convoitises et d'appétits*. Depuis 1772, depuis le premier partage, cette solidarité change de nom, mais non d'objet ni d'intensité : elle devient peu à peu une *solidarité de complices*. Il n'est point nécessaire de rappeler ici toutes ses manifestations dont le nombre très important correspond aux intérêts en jeu. Les partages, l'insurrection de Kosciuszko, les guerres napoléoniennes, la révolution de 1830 et l'insurrection de 1863 en fournissent les occasions les plus marquantes et qui sont loin d'être isolées. Jusqu'à cette date, le

(1) Le télégramme de MM. Asquith et Briand adressé au gouvernement russe le 18 novembre 1916. Dans ce télégramme il est question du « futur équilibre européen ». Cette prévision, la suite la confirme de la manière la plus décisive, mais le passé lui donna raison non moins manifestement.

facteur polonais ne cesse pas d'exercer une influence considérable sur les événements de la politique européenne. Au moment de la victoire de Fleurus, ainsi qu'en 1830, cette influence semble même être d'une importance capitale sinon décisive.

« Je ne saurais assez le répéter — écrivait le vice-chancelier russe Gortchakov à l'envoyé russe à Berlin, le 11 décembre 1864 — et je vous prie de vouloir bien à votre tour insister fortement (auprès de Bismarck) sur la nécessité d'une réorganisation radicale des provinces polonaises; elle est indispensable pour extirper l'élément proprement polonais. » Et M. de Bismarck de répondre avec empressement le 20 décembre de la même année: « J'autorise Votre Excellence à déclarer à M. le vice-chancelier que le gouvernement royal partage complètement les vues du cabinet de Saint-Pétersbourg et qu'il est prêt, lorsqu'en viendra le moment, à entrer avec lui en pourparlers relativement aux propositions qui lui seront faites à ce sujet (1). »

Que ce moment propice et de pareilles occasions se répétassent souvent, on n'en saurait douter... En tout cas, l'amitié russo-allemande, scellée tant de fois sur les dépouilles de la Pologne, ne se relâche point en 1870; elle est confirmée d'une manière éclatante par l'entrevue du 14 septembre 1884 à Skierniewice; elle persiste enfin, quoique plus discrètement, bien au delà de cette date jusqu'à la guerre actuelle, et même pendant la guerre ses effets n'expirent pas complètement.

Auprès de cette solidarité étroite, intense et effective pendant plus d'un siècle, quelle impression de

(1) *Recueil des Actes diplomatiques... concernant la Pologne.* Payot, Paris, 1918, p. 252.

fragilité ne nous donne pas l'Alliance franco-russe de si courte durée, si pénible à nouer, si facile à rompre et constamment sujette à tant d'« infidélités » et de déviations ! Amorcée en 1887 par l'établissement des relations financières qui acquirent le marché français à la Russie, l'Alliance franco-russe n'aboutit à un accord diplomatique que le 15 août 1891 et à une convention militaire que deux ans et quatre mois plus tard (le 23 décembre 1893). La convention navale ne fut signée que le 16 juillet 1912. Enfin, le traité de Brest-Litowsk la rompt avec éclat. Et pendant cette période, combien d'incartades, combien d' « infidélités » commises au profit de « l'ancien amant ! »... Entrevues de Dantzig, de Revel, de Potsdam (17 juin 1909), de Wolfsgarten (4-11 novembre 1910), traité douanier du 28 juillet 1904, enfin cette stupéfiante histoire de Bjorkoë (traité russo-allemand du 24 juillet 1905) où « la France — selon les paroles très mesurées de l'ancien ambassadeur à Pétrograd, M. Bompard — avait été sur le point d'être mise dans l'alternative douloureuse de se placer sous la souveraineté des deux Empires dirigés par Guillaume II, ou de rompre l'Alliance franco-russe et de rester isolée en face d'un ennemi décidé à l'anéantir (1). »

*
* *

Considérons maintenant, pour employer le langage des mathématiciens, les trois séries de faits politiques que nous venons de mentionner : série polono-lithuanienne, série russo-allemande, série franco-russe.

La première, la plus longue, est formée d'une suite de faits importants placés entre les dates : 1386-

____

(1) WELSCHINGER, *op. cit.*, pp. 67-68.

1864 (1). La date du premier partage décomposa cette série en deux parties d'une durée et d'une portée internationales inégales : 1386-1772 et 1772-1864.

La deuxième série russo-allemande se déroule entre les années 1762 (traité d'alliance de Saint-Pétersbourg) et 1884 (le pacte de Skierniewice), mais elle ne cesse pas de continuer après 1884-1905 (traité d'alliance conclu à Bjorkoë) et 1918 (traité de Brest-Litowsk).

Enfin, la troisième série franco-russe ne dure que de 1891 (traité d'alliance) à 1918 (rupture de l'alliance à Brest-Litowsk).

Il est évident qu'au point de vue européen, c'est la première série qui apparaît comme la plus importante et pour ainsi dire « primordiale ». En corréla-

---

(1) La série polono-lithuanienne contient, bien entendu, toute une théorie de dates importantes dont il ne serait peut-être pas entièrement superflu de rappeler ici quelques-unes : 1386 (union dynastique polono-lithuanienne) ; 1410 (victoire de Grunwald) ; 1466 (paix de Thorn, après une guerre victorieuse de 12 ans) ; 1525 (sécularisation de la Prusse ducale (orientale) et première prestation d'hommage par Albert de Prusse au roi Sigismond, à Cracovie) ; 1659 (union « réelle » de Lublin) ; 1596 (union religieuse) ; 1610 (les boïards russes appellent Ladislas, fils du roi de Pologne, au trône de Moscou) ; 1634 (traité de Polanov conclu entre la Pologne et les Russes) ; 1686 (traité de Moscou, dit Grzymultowski, moins avantageux pour la Pologne que le précédent : la Pologne cède Kiev et Smolensk, mais elle conserve Polock, Witebsk, Dunabourg, Rzerzyca, la Lettonie actuelle) ; 1772 (premier partage) ; 1791 (Constitution du 3 mai, aboutissement d'un effort organisateur) ; 1793-95 (deuxième partage, insurrection de Kosciuszko, troisième partage) ; 1807-1813 (duché de Varsovie, créé par Napoléon) ; 1815-1830 (Royaume du Congrès uni à l'Empire russe, mais avec l'armée polonaise autonome) ; 1830 (insurrection de novembre) ; 1863 (insurrection de janvier) ; 1918 (traité de Versailles reconstituant l'État polonais).

tion avec d'autres facteurs agissant en Europe, elle suffit pendant près de quatre siècles à maintenir un équilibre vivant et naturel en présence de deux pressions, celle de l'Ouest et celle de l'Est.

Même après les partages de la Pologne, l'influence, internationale de cette série est loin de s'éteindre. Cependant, à l'époque de l'affaiblissement de la série polono-lithuanienne et comme l'effet manifeste de cet affaiblissement, apparaît la seconde série russo-allemande pour dominer pendant plus d'un siècle la situation politique dans l'Est européen.

Enfin, ce n'est que pour échapper aux suites désastreuses de cette domination que la France se mit à poursuivre la formation de l'Alliance franco-russe.

Ainsi, en simplifiant à l'extrême la complexe réalité des faits, on pourrait dire qu'une série *ethnogéographique* de quatre siècles fut interrompue par une série *politique* d'un siècle qui, à son tour, fut, elle aussi, rompue incomplètement par une série *diplomatique* d'un quart de siècle environ.

En effet, il est facile de voir que la série franco-russe, « diplomatique » et « financière » par excellence, demeure en étroite relation avec les deux précédentes, qu'elle tend à rompre la seconde en suppléant la première. Elle est — pour employer les expressions mêmes de Talleyrand — une conséquence de ce « vide », cause des « secousses » et des « agitations » qui « tourmentent sans relâche » l'Europe après la disparition de la Pologne (1). Il est en outre

_____

(1) Rapport diplomatique adressé à Napoléon Ier, le 28 janvier 1807. *Recueil des Actes diplomatiques, op. cit.*, n° 167, p. 252. « De toutes les fautes de ce gouvernement ancien — y écrit Talleyrand — la plus impardonnable, parce qu'elle a été la plus funeste, fut de souffrir, comme on le fit, avec une inconcevable imprévoyance, le premier partage de la Pologne

à remarquer que les effets internationaux des partages sont longtemps atténués par l'ardent esprit
insurrectionnel des Polonais qui ne se résignent pas
à subir le joug. La Pologne subsiste toujours internationalement comme une manière de « diversion » à
toutes sortes de dangers menaçant l'Europe et spécialement la France. C'est ainsi, d'ailleurs, que son rôle
fut déjà compris par le Comité de salut public, qui,
le 12 novembre 1794, demande à son agent Parrandier « les idées et les vues » sur la manière d'utiliser,
pour la Révolution française, l'insurrection polonaise
considérée comme une « diversion (1) ». En effet, et
faute de mieux, la Pologne jouera encore plus tard ce
rôle de « diversion » — la guerre russo-polonaise de
1830-31 en est un exemple frappant — et ce n'est
qu'après l'épuisement de cette « diversion » polonaise, ce n'est qu'après l'étouffement de la dernière
grande insurrection de 1863-1864, qu'arrive en effet
le désastre de 1870. Cette succession des faits et des
dates serait-elle due à une simple coïncidence ? —
N'indique-t-elle pas au contraire un enchaînement
profond des nécessités historiques ? — Il est certain
en tout cas que, dans la vaste perspective de la politique européenne, l'Alliance franco-russe apparaît
nettement comme un corollaire du démembrement
de la Pologne et de la disparition graduelle du facteur polonais de la vie internationale. La connexité
étroite de ces deux phénomènes semble être établie

qu'il aurait pu si facilement empêcher. » Et, dans un message écrit le lendemain, Napoléon I⁰ʳ lui-même déclare : « Il
a fallu quinze ans de victoires pour donner à la France des
équivalents de ce partage de la Pologne, qu'une seule campagne faite en 1773 aurait empêché. » *Ibid.*, n° 168, p. 253 —
(1) Instruction du 21 brumaire an III (12 novembre 1794).
Recueil des Actes diplomatiques, n° 143, p. 202.

avec une rigueur souveraine. Et considérée au point de vue de l'équilibre international, l'Alliance franco-russe ne serait alors qu'une sorte de *succédané diplomatique et militaire*, destiné à remplir provisoirement cette fonction d'« élément primordial » que la Pologne représentait et commence à représenter de nouveau dans le système des forces européennes.

*
* *

De tout ce qui précède, devrions-nous conclure que l'Alliance franco-russe fut une œuvre vaine, inutile et « compromettante »? Devrions-nous répéter même avec M. Margaine, rapporteur de la Commission des Affaires extérieures, qu'elle « se fit de la part de la France sans lumière et sans condition (1) »?

Bien au contraire, l'Alliance franco-russe constitue certainement un réel, un grand succès de la diplomatie française. Ce succès est d'autant plus méritoire que les diplomates français n'avaient en main qu'un jeu médiocre. Leurs seuls « atouts » réels étant d'ordre financier et la base politique et géographique de l'Alliance n'étant qu'une fiction (frontière commune germano-russe sur le territoire polonais), ils furent obligés de procéder à coups de politesses et de prévenances.

Ces conditions diplomatiques et politiques dans lesquelles fut conclue l'Alliance expliquent d'autre part (sans la justifier toutefois) l'attitude « étrange » du « faible et imprudent » tsar Nicolas II, oscillant

---

(1) Le rapport de M. Margaine, député de la Marne, déposé à la Chambre des députés le 8 mai 1919 au nom de la Commission des Affaires extérieures sur le Livre Jaune, relatif à l'Alliance franco-russe. WELSCHINGER, *op. cit.*, p. 282.

sans cesse entre le respect des engagements à l'égard de la France et l'attachement à l'Allemagne. Certains de ses actes commis en faveur de l'Allemagne n'expriment et ne dépeignent en somme que la situation mal définie et l'attitude hésitante de la Russie elle-même. Le fameux traité de Bjorkoë que M. Margaine, dans son rapport, qualifie de trahison (1) et que même l'ancien ministre des Affaires étrangères russes, M. Isvolsky, considère comme une « lourde faute de jugement (2) » en constitue un exemple frappant. L'impressionnabilité et l'impersonnalité du tsar n'ont laissé que mieux apparaître le jeu naturel de la politique russe, orientée vers la France, mais rivée à l'Allemagne et oscillant sans cesse entre ces deux centres d'attraction. Ce jeu politique, les partages de la Pologne devaient l'engendrer nécessairement.

Ne nous dira-t-on pas, alors, que le succès diplomatique basé sur tant d'incertitudes et de fictions n'est lui-même qu'une « fiction », ou, pour reprendre le langage de M. Margaine, une illusion de plus à côté d'autres « illusions trop vastes sur la portée de l'Alliance (3) » ? Nous ne souscrivons pas à cette amère comparaison. Aux jours sombres qui précédaient le glorieux redressement de la Marne, on se répétait à l'arrière un peu partout : « Eh bien, quoi !.. dans cinq jours les Cosaques vont arriver à Berlin ! Nous n'avons qu'à tenir. » Et on a tenu...

— Triste et bizarre espoir ; pensais-je alors...

— Eh bien, non, ce fut une émouvante et salutaire fiction. Elle a permis de durer ; elle a facilité l'œuvre de la défense ; elle rendit possible la victoire.

(1) Rapport du 8 mai 1919, *op. cit.*, p. 287.
(2) A. Isvolsky, Souvenirs de mon ministère, *Revue des Deux Mondes*, novembre 1919, p. 50.
(3) Rapport du 8 mai 1919. *Op. cit* , p. 284.

Le service moral rendu par ces calculs illusoires est une image fidèle du mérite des auteurs de l'Alliance, une image fidèle bien qu'incomplète : car, malgré tout, les effets de l'Alliance franco-russe ont dépassé largement le domaine strictement moral. La Russie, malgré toutes ses hésitations et tous ses tiraillements, aida aussi la France sur les champs de bataille. Elle engagea, il est vrai, en premier lieu, la lutte contre l'Autriche, son propre « ennemi principal », mais comment s'étonner de cette prédilection en somme si naturelle ?

Tout en faisant la part du succès de la diplomatie française, il ne faut pas oublier cependant une circonstance, fortuite, certes, mais souverainement importante, qui déclencha, pour ainsi dire automatiquement, la puissance russe et permit à l'Alliance de « jouer » et de produire ses effets au début de la grande guerre. Cette circonstance, ce fut l'orientation de la politique allemande du côté des Balkans. Par la convention du 5 mars 1903 avec la Turquie, l'Allemagne acquiert le droit de construire la fameuse ligne de chemin de fer de Bagdad. En 1908 — l'année même de la crise austro-russe — cette ligne est en grande partie établie. Elle menace avant tout les intérêts de l'Angleterre, mais ceux de la Russie n'en sont pas moins exposés. Désormais, en effet, l'Allemagne a besoin de la grande voie balkanique, du libre et sûr passage à travers les Balkans où sa politique s'identifie avec celle de l'Autriche. Les deux guerres balkaniques confirment encore et fortifient cette tendance. Et la Russie, étant habituée à combattre dans les Balkans l'influence et les intérêts autrichiens, s'y heurte tout à coup à l'Allemagne. La conscience de ce nouveau conflit semble être d'ailleurs plus nette du côté de l'Allemagne que de celui des dirigeants russes. C'est l'Alle-

magne, en tout cas, qui l'exprimera la première d'une
façon tranchante par la menace directe et par la pro-
vocation du 31 juillet 1914. L'Alliance franco-russe
« joua » ainsi dans les limites que l'on pouvait raison-
nablement prévoir — peut-être même au delà de ces
prévisions.

*
* *

A ces trop longs développements une conclusion
rapide s'impose. La grande guerre vient de rendre
à la vie européenne son ancien aspect à la fois complexe et plus naturel. La complexité et son corollaire,
le besoin de clarté, sont des signes distinctifs de l'Europe : — l'Asie simplifie et embrume. L'Allemagne,
privée de ses anciennes conquêtes à l'est et à l'ouest,
vaincue, mais non maîtrisée, ne semble pas, au lendemain même de son désastre, se résigner à sa nouvelle situation. Toutefois, elle est rejetée loin du
chemin de fer de Bagdad et de tous les conflits russo-
autrichiens et russo-balkaniques.

L'Autriche a irrémédiablement perdu sa qualité
d' « ennemi principal de la Russie ». A sa place nous
voyons quelques États, nouveaux et anciens, orientés
tantôt contre la Russie, tantôt contre l'Allemagne,
voire même contre l'Italie.

La Russie sort meurtrie, affaiblie et menacée
encore de vastes crises qui l'éliminent pour longtemps
du grand « concert des puissances ». Elle est menacée
en outre de devenir une colonie allemande ou un pays
de protectorat.

La Pologne, enfin, a repris sa place millénaire, et
son antagonisme ardent avec la Prusse — conflit
sculpté dans le sol et incrusté dans les âmes — demeure.

Ainsi, les anciennes situations posent les anciens problèmes et les nouveaux éléments promettent de manifester leur présence par de nouvelles possibilités.

La vie européenne s'annonce — comme par le passé — intense et tourmentée.

Quelle sera donc la place du problème franco-russe et franco-polonais dans le présent système européen ? Comment y donner suite à cette « réalité diplomatique » de l'Alliance dont nous avons esquissé le contour ? Pour essayer de répondre à ces questions, est-il indispensable d'attendre la solution complète de l' « Énigme de la nouvelle Russie (1) » ?

« La géographie n'a point changé », remarque à propos de ce même problème l'éminent publiciste français, et il en tire la conclusion suivante : « Les intérêts nationaux de la Russie restent parallèles à ceux de la France (2) ». « Parallèles » veut-il dire ici qu'actuellement ils ne semblent présenter aucun point de contact sérieux : qu'ils ne se heurtent ni ne se touchent nulle part ? S'il en est ainsi, cet amical et distant parallélisme indique l'absence de conflit et reste essentiellement propice au jeu diplomatique. Mais la tâche principale de la diplomatie, gardienne de la paix, ne consiste-t-elle pas précisément à empêcher la formation d'une alliance russo-allemande et par conséquent à faciliter le rapprochement russo-polonais ? En effet, si l'alliance russo-allemande se met fatalement au service de la revanche prussienne et de l'impérialisme militariste russe, le rapprochement russo-polonais conduira à l'apaisement du tourment russe et ouvrira une perspective illimitée à une paix durable et féconde.

______

(1) *Le Temps*, du 22 février 1920, Bulletin du jour.
(2) *Le Temps*, *ibid.*

Quelles sont donc les données et les conditions de ce rapprochement? Constatons d'abord que les besoins et les intérêts des deux nations slaves voisines s'harmonisent parfois très bien et ne se heurtent irrévocablement nulle part.

S'il y a eu entre elles des conflits — et même des heurts violents — ils se sont produits entre les *appétits* russes et la nécessité polonaise de vivre. Cette possibilité d'heureuse harmonie se dessine par exemple très nettement dans les Etats baltiques, où la Pologne, aussi bien que la Russie, ont également un intérêt majeur à ne pas embrouiller la situation, à l'éclaircir promptement au contraire et surtout à se prémunir contre la menace allemande et contre toute domination ou suprématie exclusive.

Constatons ensuite — et l'expérience historique confirme ici et complète « la géographie » — que pour empêcher l'alliance russo-allemande il est nécessaire que la Pologne soit forte, suffisamment forte, pour détourner les appétits russes de sa frontière orientale. Le peuple russe ayant, en effet, de grandes et nombreuses possibilités de développement et d'extension, n'a nullement besoin de poursuivre le « Drang nach Westen », qui ne fut pour lui qu'une sorte d'« aventure historique ». Attirée par l'appât d'une proie facile (la Pologne en pleine crise intérieure) et entraînée par les tentations de son futur complice, la Prusse — la Russie s'engouffra dans cette impasse, d'où résultèrent les pires malheurs pour le monde slave et l'Europe.

Mais le problème d'une Pologne forte et demeurant en bons rapports avec la Russie exige avant tout que soit résolu le problème d'une frontière stable entre les deux pays. Quel devra donc être le tracé de cette frontière? Il est évident qu'elle ne pourra que passer travers les vastes territoires qui, partant de la Baltique, s'étendent dans la direction de la mer Noire et que l'État polono-lithuanien engloba depuis 1386 jusqu'aux partages.

Il est non moins évident que cette frontière commune doit coïncider autant que possible avec la *ligne de moindre tension politique* entre les deux pays. Certains publicistes s'obstinent à croire que cette ligne de moindre tension passe là où expirent les appétits russes. C'est oublier complètement que le problème se compose de deux données, l'une russe et l'autre polonaise, et non d'une seule donnée russe.

C'est aussi ignorer que les appétits russes n'expirent nulle part et qu'ils semblent même croître en raison directe de leur satisfaction. Leur énormité d'ailleurs n'est nullement le symptôme d'une santé robuste, mais bien plutôt le signe d'une digestion difficile. Pour tracer une ligne frontière de moindre tension entre la Russie et la Pologne, il faut tenir compte non point des *appétits* russes, mais des *besoins* réels, des véritables « intérêts nationaux » des deux nations voisines. Or, nous l'avons déjà remarqué, ces vrais besoins et ces intérêts ne sont nulle part en franche contradiction. Une Pologne *forte* n'exclut nullement une *grande* Russie. La satisfaction des appétits russes amènerait à créer une Russie non pas grande, mais difforme, et fausserait précisément, pour reprendre l'expression officielle, « le cours de sa mission civilisatrice ».

Dans cette perspective de prévisions et de possibilités, le rôle de la diplomatie française se dessine clairement. Considéré du point de vue français, l'économie de tout problème « central » et « oriental » pose nécessairement trois postulats qui s'échelonnent en profondeur selon leur action immédiate sur la sécurité de la France et de la paix européenne : 1° la frontière du Rhin ; 2° une Pologne forte ; 3° une Russie orientée vers l'apaisement et la paix générale. C'est sur ces trois « plans », pour reprendre l'expression chère à Balzac, que pourra et que devra se « construire » l'avenir politique de l'Europe régénérée.

Amie et alliée de la Pologne, amie de la Russie, la France jouera entre ces deux puissances un rôle essentiellement régulateur : elle les aidera à orienter leurs ambitions et leurs efforts vers l'accomplissement de leur commun devoir sur le continent.

Le Dilemme russo-polonais

I

L'ORDRE ET LA LIBERTÉ

> « La tradition est le nom métaphysique de l'expérience. »
>
> (PÉLADAN, *les Idées et les Formes.*)

C'est un fait indéniable que l'opinion publique est encline à envisager l'histoire contemporaine, cette histoire qui « se crée », comme une série d'accidents, soutenus à peine par la chaîne du temps et par une nécessité purement matérielle, purement extérieure.

Le fait individuel éblouit les yeux du spectateur contemporain. L'initiative spontanée et la « création immédiate » effacent la réalité plus profonde et atténuent surtout le sentiment de la *continuité* du flux historique. C'est pourquoi nous nous étonnons si souvent, tantôt d'un « miracle de la Marne », tantôt d'une « résurrection inattendue » de la Pologne, tantôt du retard « impardonnable de l'arrivée des Cosaques à Berlin... Pourtant, tous ces faits si imprévus en apparence préexistaient en quelque sorte dans la réalité européenne : la bataille de la Marne fut écrite avant la lettre dans l'âme ardente de la France, et la Pologne n'a jamais cessé de vivre. Il est évident que, d'autre part, l'immense cataclysme actuel, en élargissant « l'échelle des événements », laisse mieux voir « les faits individuels » dont l'action et l'importance augmentent en raison directe de l'intensité et de la vitesse du « flux historique ». Mais ce « flux » ne se transforme-t-il pas devant nos yeux en un torrent impétueux et sauvage ? Il semble emporter tous les obstacles et toutes les digues en même temps que tant de nos formules et de nos conceptions.

S'il est vrai que chaque moment historique contient un certain nombre, d'ailleurs restreint, de possibilités, la réalisation d'une possibilité historique est cependant conditionnée non seulement par une nécessité d'ordre matériel, mais encore par une sorte de nécessité d'ordre intérieur, d'ordre moral. Ainsi apparaît le double aspect du contenu historique et ressort l'importance de l'idéal collectif, l'importance de la *tradition historique* qui pèse sur les hommes et qui donne un sens spécial aux actes des nations.

Mais, dans cet ensemble de facteurs moraux — que le passé a déposé dans la conscience humaine — il existe un élément central qui rayonne sur tous les plans de la vie individuelle et collective : c'est la manière de sentir, de concevoir et de réaliser la liberté. « L'humanité, en se créant elle-même » (Vico), ne fait que réaliser constamment, patiemment, quoique incomplètement, cet idéal essentiel de toute la vie et de chaque vie. « L'histoire, dit avec conviction Michelet, n'est pas autre chose que le récit de cette interminable lutte... » pour la liberté (1). D'autre part, chaque homme aussi bien que chaque peuple, en présence d'une réalité historique, conçoit et réalise un ordre qui est — moralement parlant — *une manière de dominer la nécessité et de vivre librement*, c'est-à-dire de réaliser sa personnalité individuelle ou collective. Car liberté est toujours synonyme de victoire : nous nous sentons libres quand nous avons conscience que notre volonté s'impose à son objet et que notre moi triomphe des forces dissolvantes. — L'ordre, qui est une notion connexe et inhérente à celle de la liberté, serait donc un rapport du vivant au non vivant, du moi au non-moi, *de ce qui se crée à ce qui existe.*

M. Bergson a malicieusement démontré qu'en réalité le désordre n'existe nulle part : il n'y a que différentes sortes d'ordre ou plutôt des

____

(1) *Introduction à l'Histoire universelle,* pp. 5-6.

ordres différents que notre intelligence accepte ou refuse suivant le cas (1).

Ce serait certainement aller trop vite et trop loin si l'on affirmait que, sur toute la terre, il n'y a que différentes sortes de libertés et que la contrainte, l'absence de liberté, n'est qu'une façon de parler. Constatons donc tout simplement qu'il existe de *multiples libertés* et qu'une liberté type, liberté universelle et uniforme, n'est pas de ce monde.

La liberté, humainement parlant, est une conception ou une *expérience historique* qui se crée partout où germe une vie collective consciente, mais elle se crée partout d'une manière différente, en se réalisant dans un ordre différent. Donc — disons-le en passant — c'est une grande erreur, d'ailleurs commune au conquérant, de croire qu'en imposant *son* ordre il donne au vaincu *sa* liberté et *la* liberté.

Sans doute, les conditions juridiques, politiques et même sociales tendent peu à peu à devenir partout plus rationnelles, c'est-à-dire à se ressembler. Mais cet effort laborieux vers une uniformité géométrique des cadres n'affirme-t-il pas une fois de plus la diversité irréductible des tableaux que les cadres soutiennent et délimitent, mais ne déterminent point ?

---

(1) Cf. *l'Évolution créatrice*, 8ᵉ éd., pp. 239-257. En réalité, M. Bergson y insiste sur l'existence de deux ordres opposés : vital et géométrique, entre lesquels notre esprit en oscillant arrive à l'idée illusoire d'une incohérence ou d'une « diversité incoordonnée ». P. 257.

II

LES GRANDS CONTRASTES

Le problème Russie-Pologne se pose — géographiquement parlant déjà — comme un ensemble de différences tranchantes et de contrastes.

Indiquons-en un qui nous paraît capital.

« Le territoire primitif de la Grande-Russie est un plateau convexe appelé plate-forme centrale russe. Ses grands fleuves, dit un géographe éminent, le Volga, l'Oka, le Don, la Msta, le Dniepr supérieur, la Dvina, la Desna s'écoulent en divergeant et donnent au peuple élevé dans ce berceau une force expansive vers tous les points cardinaux (1). »

La Pologne, au contraire, formant une sorte de plaine légèrement concave avec un réseau de voies fluviales orientées vers l'est, était comme prédestinée à cette œuvre qui fit sa

(1) J. Saryusz, *la Pologne : le Sol et l'État*. Lausanne, 1916, Imp. Réunies, p. 15.

gloire et sa force et qui s'appelle l'Union :
l'Union librement consentie des Polonais et
des Lithuaniens.

Ainsi, d'un côté le *flot russe* envahisseur et
submergeant. De l'autre, un *foyer polonais* at-
tirant les éléments qui se trouvent à la péri-
phérie de la plaine.

L'histoire vérifie l'exactitude de ces données.

Au commencement du dix-septième siècle,
le foyer de la civilisation polonaise rayonne
jusqu'à Moscou quand les boïars russes offrent
la couronne au fils du roi de Pologne.

Au dix-neuvième siècle, c'est la vague russe
qui semble noyer la plaine polonaise. Mais,
entre ces deux limites d'un ensemble de possibilités historiques, entre ces deux « accidents
historiques » extrêmes, demeure une réalité
constante. C'est l'existence d'une double vie,
l'existence de deux principes vitaux, de deux
conceptions historiques et civilisatrices qui
luttent, qui se contredisent, mais qui, dans un
libre épanouissement de deux génies nationaux, pourront se contre-balancer et se compléter peut-être un jour.

Mais si cette opposition est déjà sculptée
dans le sol, elle n'est pas moins manifeste
dans le développement historique des deux
nations.

III

LA TRADITION HISTORIQUE DE LA RUSSIE

La tradition historique de la Moscovie, de ce pays qui deviendra plus tard l'Empire russe, ne commence à se former qu'au treizième siècle. Il existe, certes, du neuvième siècle à la fin du douzième, un État slave (ou plutôt un agrégat de principautés) formé au bord du Dniepr moyen avec Kiev comme capitale. Les Polonais l'appellent la Ruthénie (Rus) grand-ducale pour la distinguer de la Russie (Rosya), c'est-à-dire du futur Empire russe. Mais la Ruthénie grand-ducale est conquise d'abord par les Tatars en 1240 (1), puis arrachée à la domination tatare par les Lithuaniens vers 1320 ; elle entre vers la fin du quatorzième siècle dans le vaste organisme de l'État polono-lithua-

(1) Sauf la partie occidentale de ce pays, dite la Ruthénie Rouge qui, après des péripéties très mouvementées, fut, en l'an 1340, rattachée directement et définitivement à la Pologne.

nien pour y rester attachée, du moins en grande partie, jusqu'à l'époque des partages. La Ruthénie de Kiev ou l'Ukraine d'aujourd'hui possède donc sa physionomie historique particulière pendant quelques siècles : elle sert d'intermédiaire entre la civilisation occidentale latino-polonaise et l'État moscovite.

La formation de ce dernier ne commence d'ailleurs que vers la moitié du douzième siècle, quand Georges Dolgorouki et André Bogolioubski, fils et petit-fils de Wladimir Monomache de Kiev, fondent à Souzdal et à Moscou un nouveau centre politique (1). Les émigrés imposent leur langue et leur religion aux innombrables tribus autochtones et cherchent implacablement à détruire la puissance de Kiev (affreux pillage de Kiev en 1169). Cependant, déjà en 1238, la Russie moscovite est envahie par les Tatars qui la tinrent sous leur joug près de trois siècles.

Aussi, au début du passé russe (moscovite) nous trouvons ces deux faits importants : la conquête et la slavisation des autochtones par les émigrés et puis une longue domination tatare, domination sévère et humiliante (2).

____

(1) Cf. AL. JABLONOWSKI, *Histoire de la Ruthénie du Sud* (en polonais), Cracovie, 1912, pp. 42-43. Cf. également AL. RAMBAUD, *Histoire de la Russie*, 6ᵉ édit. Paris, Hachette, 1914, pp. 86-90.

(2) Sur le rôle de ces facteurs nous lisons chez Rambaud : « Ces nations tchoudes et finnoises (les Vesses, les Mouromiens, les Mériens, les Permiens, les Zyrianes, les Samoyèdes, les Tchérémisses, les Tchouvaches, les Vo-

En octroyant aux princes vaincus leur appui et de larges privilèges, les Tatars exigeaient en revanche une soumission absolue à la servitude. Ils s'efforçaient surtout d'abaisser l'orgueil du vaincu et de détruire son indépendance morale. « Les princes de Moscou, dit Karamsine, prirent l'humble titre de serviteurs des Khans et c'est par là qu'ils devinrent de puissants monarques (1). »

Ce long joug tatare créa un besoin de s'adapter, de patienter et de plier. Il devint ainsi une grande force éducatrice des princes moscovites ; il façonna les hommes et forma leurs méthodes politiques : *la dissimulation au dehors, la domination absolue et cruelle au dedans*. Ainsi, « les premiers tsars de Moscovie furent les descendants politiques non des princes russes, mais de Khans tatars (2) ».

tiaks, les Bachkirs, les Mordves) semblent les véritables autochtones de la Russie ; elles ont formé le *substratum* ethnographique sur lequel se sont étendues soit l'invasion tatare, soit la colonisation russe. » (*Histoire de la Russie*, p. 22.) Plus loin, Rambaud insiste sur le rôle prépondérant de la colonisation slave : « Une étude plus attentive nous montre que la Moscovie s'est formée en première ligne par les migrations des colons russes, en seconde ligne et subsidiairement par la russification de certaines races étrangères » *Ibid.*, p. 25. — Cf. L. NIEDERLE, *la Race slave*. Paris, 1916.

(1) Cité chez RAMBAUD, *op. cit.*, p. 145. Sur l'origine de cette puissance, Rambaud explique : « Les princes de Moscou prirent à forfait l'impôt non seulement de leurs propres sujets, mais encore des pays voisins. *Ils se firent les fermiers généraux des envahisseurs.* » *Ibid.*, p. 141.

(2) Conclusion de M. WALLACE adoptée par RAMBAUD, *op. cit.*, p. 145.

Mais ce facteur de l'oppression tatare, agissant ainsi sur le « sommet de la pyramide sociale » russe, peut-on prétendre que la masse du peuple n'en fut point atteinte ? On ne saurait le nier malgré le contact tout extérieur de l'oppresseur et de l'opprimé. Karamsine lui-même, à qui ne manque pourtant pas l'optimisme historique, semble l'admettre quand il dit : « Peut-être notre caractère national présente-t-il encore aujourd'hui des taches qui lui sont venues de la barbarie mongole (1). »

Cependant, à côté de ce facteur de l'oppression, un autre à peine moins puissant contribue à former la tradition grand-russienne. Bien qu'antérieur à la conquête tatare, il se fait sentir plus tard au fur et à mesure du développement général de l'élite russe. Ce facteur, c'est le byzantinisme qui, à travers l'Église orthodoxe, s'infiltre dans la vie russe pour y constituer la base de la tradition autocratique. Ainsi, aux dures vertus politiques acquises dans la longue soumission et puis dans la lutte victorieuse contre l'oppresseur tatare, se joignent peu à peu certaines qualités (pour la plupart bien déformées) du génie byzantin : l'amour des apparences et de l'apparat, le goût des formes grandioses, somptueuses et raffinées, mais comme exemptes de vie, l'horreur

---

(1) *Ibid.*, p. 143, Rambaud est plus affirmatif : « La servitude — écrit-il — avait tellement abaissé les caractères, que l'aplatissement général se communique aux annalistes. » *Ibid.*, p. 142.

du mouvement, du changement et de l'imprévu; enfin, cette orgueilleuse et froide hypocrisie byzantine qui semble tant se plaire dans
l'exercice impassible des gestes sacrés du
pouvoir.

Vers la fin du quinzième siècle, le joug tatare est brisé et les princes victorieux, en
s'appuyant sur leur prestige nouvellement acquis, redoublent d'activité pour achever la formation du régime autocratique et pour étendre
la domination de l'Etat moscovite.

Nous avons vu quels éléments pouvaient entrer dans leur conception de l'autocratie. Envi-
sageons maintenant les moyens dont ils se
servirent pour transformer cette *conception* en
une *réalité*, cette possibilité en un fait. Ces
moyens peuvent se ramener à deux : 1º *le rassemblement des terres russes* et 2º *le nivellement
de la société moscovite*.

« Le rassemblement des terres russes » (plus
tard des terres slaves et autres), cette formule
consacrée de la politique de l'Empire des tsars
jusqu'au 11 mars de l'année 1917 inclus, cette
formule ne nécessite pas un long commentaire.
Ces procédés du rassemblement furent toujours
les mêmes : la conquête militaire, la destruction de tout foyer de vie politique, l'extirpation
de toute velléité d'indépendance par la terreur
et l'*unification*. Ce dernier mot est devenu
d'ailleurs significatif et symbolique, le mot
évocateur par excellence du système tout entier appliqué dans toute sa force à la République

de Novgorod en 1471, puis à celle de Pskow, puis à toutes les conquêtes durables ou passagères comme celles de la Galicie orientale pendant la guerre actuelle. « Détruis, détruis, les décombres sont semblables » : cette parole de Marcel Schwob semble bien indiquer le but et la manière.

Mais ce système de *rassemblement* ou d'*unification* n'est en somme qu'une généralisation et une application plus violente du procédé-type de la politique intérieure de l'autocratie moscovite : *le nivellement*. En effet, pour fonder leur puissance militaire, « les princes moscovites empruntèrent le système oriental des *fiefs militaires*, et M. Milioúkov, disons-le entre parenthèses, constate ici une double influence : byzantine et tatare (1).

Mais ces tenanciers militaires pourraient à la longue créer une force et une tradition vivante en dehors de celle de l'autocratie. Pour combattre ce danger il fallut abaisser, niveler, détruire. « Systématiquement, tous les éléments sociaux et supérieurs furent détruits sans pitié et la société moscovite fut intentionnellement nivelée... C'est donc par une série de révolutions sociales achevées en l'espace d'un siècle (1484-1584) que la tradition politique de l'autocratie fut fondée... Mais, pour y arriver, les princes s'étaient appuyés moins sur la population en général que sur la classe infé-

(1) PAUL MILIOUKOV, *la Crise russe.* Paris, Librairie Universelle, 1907, pp. 113-114.

rieure des « hommes de service » des courtisans. Quant au paysan..., il fut sacrifié aux tenanciers militaires (1). » Pourtant, l'autocratie tenait à la vie russe par un côté essentiel : *la religion.*

Cependant, ici encore il lui arrive une aventure singulière : vers la fin du dix-septième siècle (en 1667), le patriarche Nicon veut « épurer » les rites et une rupture profonde s'ensuit; tout ce qu'il y a de vie religieuse se sépare de l'église officielle. L'orthodoxie se fige et reste vide... Les sectes les plus extravagantes se multiplient; persécutées, traquées, elles renaissent toujours, malgré la surveillance policière de l'église officielle.

De cette manière, par le procédé du nivellement et de l'unification, la force et la tradition de l'autocratie sont fondées à jamais. Si même la tradition tsariste s'adapte à sa façon aux circonstances et aux nécessités historiques, c'est tout extérieur et tout superficiel. La fameuse réforme de Pierre le Grand est typique sous ce rapport : « Le pouvoir du monarque, les habitudes de ses sujets — je cite encore un mot de Milioukov, tout fut européanisé... à l'asiatique (2) ». L'autocratie russe semble avoir réalisé ainsi le maximum de l'immutabilité humainement possible, en Europe du moins.

(1) P. MILIOUKOV, *ibid.*, p. 117.
(2) « La liberté et la tolérance religieuses, affirme Milioukov, ne sont ni plus ni moins qu'une rupture avec la tradition nationaliste russe. » *Op. cit.*, p. 96.

IV

L'INFLUENCE CIVILISATRICE DE LA POLOGNE

> « Qui sauvera la Russie
> de cette infernale perdi-
> tion... ? — C'est surtout la
> pauvre Pologne. »
>
> (J. MICHELET, *Kosciuszko*.
> Paris, 1863, p. 117.)

Cette « européanisation... à l'asiatique » dont parle l'historien russe nous conduit à un problème aussi délicat qu'important et d'une actualité croissante : *les influences allemande et polonaise en Russie* (1).

(1) A consulter J. A. CHLIAPKINE, *Saint Dimitri de Rostov et son temps* (1651-1709), Saint-Pétersbourg, 1891 (en russe). L'auteur de cet ouvrage, malgré son point de vue orthodoxe et ses sympathies nettement avouées pour le camp russe, rapporte un nombre considérable de faits précis et, avec une impartialité suffisante, indique l'ascendant civilisateur polonais en Russie, dont l'importance grandit surtout pendant le règne d'Aleksis Mikhaïlovitch et de ses successeurs Feodor et Sophie. — Cf. BRÜCKNER, L'Européanisation de la Russie, *Gotha*, 1880, surtout pp. 174-220 (en allemand). Voir aussi J. SARYUSZ, *op. cit.*, pp. 9-11.

Ce sujet, surtout en ce qui concerne la Pologne, est si peu connu et si mal apprécié, qu'au risque de rompre un peu la suite de notre exposé nous allons en présenter ici quelques données essentielles (1).

L'abolition du joug tatare et la chute de Constantinople devaient nécessairement rapprocher la Russie de l'Occident. En effet, dès le début du seizième siècle, les rapports de la Russie moscovite et de ses voisins occidentaux deviennent de plus en plus intenses et fréquents.

Or, la civilisation occidentale pouvait pénétrer en Russie par les voies suivantes : celle du nord, dite *voie baltique;* celle de l'est ou des *grandes vallées*, enfin celle du sud-est. Partout c'est la Pologne qui, dès sa constitution en État, en est la maîtresse et semble attendre seulement son heure pour devenir l'intermédiaire unique dans l'œuvre future de l'*européanisation*.

Cependant, déjà au treizième siècle, l'Ordre teutonique s'installe en Prusse et, avec les Chevaliers porte-glaive, établis sur la Dvina, barre ainsi la voie du nord à l'expansion polonaise. Novgorod-la-Grande et Pskov deviennent alors les centres puissants du « rayonnement » germanique.

Il est vrai qu'après la victoire de Grünwald

(1) Rambaud, si bien renseigné et si scrupuleux quand il s'agit des influences anglaise ou italienne, ne parle de la polonaise que par prétérition.

(en 1410) et le traité de Thorn (1466), la puissance de l'Ordre est brisée (pas complètement toutefois) et l'influence civilisatrice de la Pologne devient à l'Est peu à peu prépondérante. Mais les deux possibilités — la pénétration allemande, l'ascendant polonais — subsistent toujours, et l'histoire les réalisera successivement. Le seizième et le dix-septième siècles, surtout depuis l'Union de Lublin (1569), appartiennent à la Pologne. La Sérénissime République porte alors à son apogée son prestige à l'Est et s'y maintient ainsi plus d'un siècle, presque sans rivale. Dans tous les domaines de la vie matérielle et intellectuelle, sociale, religieuse et artistique, la civilisation latino-polonaise s'infiltre insensiblement, mais d'un jet continu et avec force.

Ainsi, depuis Ivan le Terrible, la langue polonaise est connue dans l'entourage des tsars (le diak Chtchelkalov par exemple). Le prince Kourbski, ennemi du tsar, connaissait le polonais et possédait des livres polonais avant son départ pour la Lithuanie. Dans ses ouvrages, ainsi que dans ceux de Vichenski, son contemporain, « on trouve, dit l'historien russe, de curieuses indications sur l'ascendant du latin et du polonais en Russie au seizième siècle (1) ».

Inutile de rappeler quel torrent du « polonisme » se déversa sur Moscou pendant le règne éphémère (1605-1606) de Démétrius et la

______

(1) Chliapkine, *op. cit.*, pp. 67 et 106-107.

crise terrible qui s'ensuivit. Mais, la tempête passée, la réaction antipolonaise ne s'affirme pas d'une manière durable et la vague du « polonisme » monte de nouveau moins rapide cette fois mais plus large et plus profonde.

Les premières maisons russes, celles des Matveïev, Golitsyne, Ordyne-Nachtchokine, Miloslavski, Potemkine, deviennent autant de foyers de la civilisation occidentale polono-latine et la connaissance du polonais se répand de plus en plus parmi l'élite russe. « Inutile de dire — ce sont les mots de Chliapkine — combien la langue polonaise était répandue parmi les prêtres russes qui, avec une égale facilité, écrivaient en russe et en polonais (1). » Lazare Baranovitch écrivait en 1671 au tsar Alexis Mikhaïlovitch : « Le Synclite de Votre Sérénissime Grandeur tsarienne ne dédaigne point la langue polonaise, mais il s'adonne à cœur joie à la lecture des livres polonais (2). »

Bien plus, le tsar Fedor Alexcïevitch lui-même, ainsi que le tsarevich Alexis Alexeïevitch, *parlaient bien* le polonais (3).

En même temps, on voit partout des ouvriers (4), des artisans et des artistes polonais :

---

(1) *Saint Dimitri de Rostov et son temps*, p. 106.

(2) Serge Soloviev, *Histoire de Russie*. Moscou, 1851-1879, 13 vol., p. 216. *In* Chliapkine, p. 71.

(3) *Ibid.*, pp. 57 et 71.

(4) D'après un document de 1677 on fabriquait alors à Moscou le *savon polonais*, les *bas polonais* et les *chapeaux polonais*. *Ibid.*, p. 56.

des peintres (1), des statuaires, des musiciens (2) et des instituteurs, des professeurs de tous genres (3).

Naturellement, les bibliothèques se remplissent de livres polonais, ou traduits du polonais. Chliapkine rapporte que, déjà en 1557, à Vologda, un Anglais put acheter un livre manuscrit (aujourd'hui à Oxford) où se trouvèrent reliés ensemble *l'abécédaire russe, le plus ancien qui existe*, et une courte méthode « *pour apprendre à lire l'écriture polonaise* ». Dès lors, il n'est pas étonnant qu'au dix-septième siècle « on prend l'habitude d'écrire les mots russes en lettres latines ou *polonaises* ». Il s'agit de transcription des sons slaves à la manière polonaise, car les Polonais se servaient alors de l'alphabet latin (4).

Cette œuvre de traduction est tout à fait con-

---

(1) « Chez A. Matveïev et chez Golitsyne, il y avait beaucoup de tableaux peints par les artistes polonais. » Cf. ZABIELINE, *la Vie domestique des tsars russes*, p. 181. *In* CHLIAPKINE, p. 61.

(2) C'est un Polonais, par exemple Nicolas Dylecki, qui avait introduit en Russie le système moderne de la notation musicale. Il a traduit en 1769 son propre ouvrage écrit en polonais, *l'Idée de la grammaire musicale*, où il se servit également ment des travaux polonais de Rozycki, de Zamarewicz, Milczewski et autres. Cf. H. RIEMANN, *Dictionnaire musical*. Moscou, 1901, pp. 455-466.

(3) Dans la suite polonaise de Démétrius, il y avait déjà 27 « professeurs et savants » que les meurtriers du tsar ont épargnés. Cf. CHLIAPKINE, *op. cit.*, p. 69. Plus tard, Ordyne-Nachtchokine, Boris Golitsyne, Ivan Perekrestov donnent à leurs enfants des instituteurs polonais. *Ibid.*, pp. 70-71.

(4) *Ibid.*, pp. 68-69.

sidérable. Elle commence par une *Cosmogra-phie* de Martin Bielski (tirée probablement de sa *Chronique universelle*, publiée en 1551) pour grossir prodigieusement pendant tout le dix-septième siècle. On s'empare alors des auteurs polonais les plus divers : des Gwagnine, Stryj-kowski, Starowolski, Czechowicz, Gorczyn, Paprocki, Sadowski, Piasecki, et, comme il ar-rive en pareil cas, on néglige les meilleurs, Kochanowski par exemple. Pourtant, en 1678, on traduit le célèbre ouvrage d'André Modr-zewski : *Sur la Réforme de la République.*

Cette traduction, il est vrai, n'est faite que plus d'un siècle après l'édition polonaise et bien après que ce livre eût été traduit en d'autres langues européennes, française, espa-gnole, allemande. Bientôt, un boïar de marque, probablement A. A. Matvieïev, traduit quelques extraits de Skarga (1). Ce même Matvieïev, chose curieuse, écrivait lui-même en 1681 des Vies de Saints « *en polonais*, en latin et en russe ».

D'ailleurs, on s'empresse de traduire tout, les livres de médecine, de mathématiques, de géographie et de théologie ; des voyages (le pèlerinage de Radziwill en Terre sainte), des vies de Saints, des dictionnaires (Knapski), des légendes, des chroniques et des livres de droit. On traduit même du *polonais* Aristote, Ovide,

---

(1) Parmi les traducteurs de marque on rencontre encore André Lyzlov, le panetier du tsar Feodor et le prince Mickhaïl Krapotkine.

en 1706, par deux fois les fables d'Ésope (en 1606 et en 1675) et jusqu'à la légende du bon roi français Dagobert qui n'arrive aux Russes que par l'intermédiaire d'une version polonaise.

Et toute cette œuvre de traduction — variée, hétérogène et touffue — prendra pour nous une signification particulière si l'on accepte encore cette remarque concluante de l'historien russe : « Quant aux traductions russes de l'allemand, du tchèque et autres (langues étrangères en dehors du polonais), inutile d'en parler : elles sont trop peu nombreuses (1). »

Le rôle spécial et pour ainsi dire exclusif de la civilisation latino-polonaise de cette époque en Russie n'en ressort que plus clairement.

*
* *

Mais cette influence polonaise dépasse la littérature « savante » : « au temps du tsar Alexis, constate Buslaïev, on entend chez le peuple de Moscou des vers (Virchi) polonais (2). »

Elle la dépasse aussi dans d'autres directions, elle est très visible dans l'art militaire (3), ce qui est en somme peu surprenant; mais ce qui l'est davantage, elle touche

(1) Chliapkine, *op. cit.*, p. 95.
(2) *In* Chliapkine, *op. cit.*, p. 72.
(3) *Ibid.*, pp. 172 et 229 n.

aux rites de l'Église orthodoxe et même au dogme (1).

Chose plus grave encore : lentement, imperceptiblement, la pensée polonaise s'introduit dans la vie politique de l'État moscovite.

Cette pénétration se manifeste d'abord d'une manière un peu théâtrale. Le duel épistolaire moral et politique entre le prince André Kourbski et Ivan le Terrible lui sert de prologue éloquent et passionné. Puis, viennent les péripéties dramatiques de la période 1605-1613. Le règne éphémère de Démétrius, appuyé par le « parti polonais » de Saltykov, les expéditions pittoresques et aventureuses, improvisées par quelques turbulents seigneurs polonais, la victoire éclatante de Zólkiewski (Joulkievski) à Klouchine et son entrée à Moscou, enfin, l'offre du trône par les boïars moscovites à Ladislas, fils du roi de Pologne... Mais ici précisément la politique polonaise hésite et trébuche.

En fait, il y avait alors en Pologne deux « politiques moscovites » bien différentes. Une, fidèle à la tradition de l'Union, c'est-à-dire sage et conciliante, sans visées de conquête, tendant à régler toutes les difficultés à l'amiable

---

(1) « L'influence polonaise se manifestait aussi d'une manière sensible dans le domaine de l'Eglise. » *Saint Dimitri de Rostov, op. cit.*, p. 108. « En dehors des rites, ce qui, enfin, ne présentait pas encore une grande importance, le polonisme toucha aussi aux quelques croyances dogmatiques : la conception immaculée, la transsubstantiation, purgatoire. » *Ibid.*, p. 110.

et à former une vaste alliance de la Pologne et de Moscou contre l'Islam. C'était la politique des « politiques (1) », de Jean Zamoyski, de Batory et de Zólkiewski surtout. L'autre, celle de Sigismond III (Vasa) et des « régaliens » (royalistes), née du succès des armes, ambitieuse et orgueilleuse, moins *nationale* que *catholique*, aboutit à l'intronisation des Romanof et à l'aggravation du perpétuel différend entre les deux pays (2). Ainsi, de cet épanouissement des forces brillant et tumultueux, il ne résulta que l'ivresse passagère d'un triomphe sans lendemain. Le « parti polonais » en Russie fut vaincu et l'« orientalisme » affermi pour longtemps.

(1) Cf. Venceslas Sobieski, *la Haine confessionnelle des foules pendant le règne de Sigismond III* (en polonais), Varsovie, 1902, p. 19, et surtout son ouvrage : *la Diète mémorable*. Les « politiques » polonais, par leur sagesse patriotique et leur large tolérance religieuse, rappellent à s'y méprendre les « politiques » français : les Michel de L'Hospital, les Du Vair et les Bodin. Ils étaient les adversaires décidés de toute alliance avec la maison de Habsbourg et au fond nullement si pressés d'engager la Pologne dans la politique agressive contre la Turquie.

(2) La politique polonaise a subi déjà un échec analogue en 1581. Les Russes étaient battus par Batory et Zamoyski; c'est Ivan le Terrible qui appelle le pape à son secours en lui promettant de convertir tout son peuple à la foi de Rome. A Kiverova Horka, sur les instances du nonce Antoine Possevino, les Polonais « tenant la Moscovie sous le genou — comme le dit H. Grappin — la relâchaient naïvement sur parole... Le pape fut dupe, mais aux frais de la Pologne » (*Histoire de la Pologne*, p. 97). La politique de dissimulation triomphait cette fois de la politique de conciliation.

Pourtant, le charme contagieux des *Libertés polonaises* agissait toujours. Le « parti polonais » subsistait, sinon réellement, du moins virtuellement, ou plutôt dans tous les « partis » il y avait des « polonisants convaincus ». En guise d'exemple, citons ici Ordyne-Nachtchokine et le boïar Bohdan Khitrovo qui, tous deux, quoique adversaires, « sont également sensibles » à l'influence de la Pologne (1).

Cette influence se fortifie surtout pendant le règne du tsar Feodor (1676-1682) et au cours de la régence de la tsarevna Sophie Alexeïevna soutenu par Vasili Golitsyne, la famille Miloslawski et Sylvester Medvedev.

En ordre dispersé, la pensée polonaise pénètre partout. Elle s'insinue discrètement dans l'esprit des hommes d'État russes et des gens d'élite. Elle semble se frayer un chemin jusqu'aux bases du régime lui-même, en ouvrant alors à la Russie les perspectives lointaines de grands et décisifs changements dans l'ordre politique et social (2).

---

(1) Cf. Ikonnikov, *les Précurseurs de la réforme de Pierre le Grand*, p. 289. *In* Chliapkine, p. 57.
(2) Cf. Chliapkine, *op. cit.*, p. 58.

V

LA RÉFORME A L'ALLEMANDE
PIERRE LE GRAND

Mais voici que sur cette pente très douce vers un libéralisme polono-occidental, l'autocratie moscovite s'arrête brusquement. La chute dramatique de la tsarevna Sophie Alexeïevna et de son parti nettement polonophile provoque un changement radical. Les « latinisants » persécutés cèdent d'abord aux « vieux-moscovites » réactionnaires et ignorants (sauf une ou deux exceptions : les frères Likhoudis) pour rentrer les uns et les autres dans le même moule du pesant régime de Pierre le Grand.

Pour trouver les moyens de vaincre ses adversaires, et pour imposer sa volonté de maître au pays, celui-ci se dirige résolument « dans la rue boueuse de la *Sloboda* allemande à Moscou (1) ». Il réussit. Alors, poussée, bouscu-

(1) Cf. Chliapkine, *op. cit.*, p. 54.

lée, rouée de coups par la main impétueuse de son chef, la Russie se soumet et accepte ce joug nouveau : *la bureaucratie autocratique à l'allemande.*

Une fois encore, les idées polonaises vont se refléter nettement dans « un essai de constitution libérale » en 1730. Mais, appuyée par les Allemands de l'armée et de la cour, la tsarine Anna Joannovna — Allemande elle-même — fait cruellement expier aux princes Golitsyne et Dolgorouki cette tentative constitutionnelle prématurée. Les Allemands triomphent : les Ostermann, les Munich, les Bismarck, les Keyserling, les Korff, les Schwartz et les Biren, voilà les vrais maîtres de la Russie.

D'ailleurs, la dynastie elle-même issue des Gottorp-Holstein n'est-elle pas déjà en réalité et de sang et de mœurs allemands? Est-il besoin de citer les noms de Catherine Ire, de Pierre II, d'Anna Joannovna, d'Anna Léopoldovna et de ce brave Pierre III qui proclamait ouvertement sa vassalité envers le roi de Prusse « son maître »? Tous, sans exclure Catherine II, Allemande elle aussi (1) qui, tout en badinant d'une manière si gracieuse avec un Voltaire ou un Diderot, exterminait en même temps les premières velléités libératrices de la pensée russe (Radichtchev et Novikov). Ils ne sont tous que les champions du germanisme

(1) C'est Sophie Anhalt-Zerbst qui a régné en Russie (1762-1796) après avoir supprimé son mari, Pierre III de Gottorp-**Holstein**.

assis sur le trône des tsars et militant contre le slavisme.

Si même une réaction se produit parfois, comme du temps d'Élisabeth, à la cour pétersbourgeoise, c'est contre les excès du système et non pas contre son essence. Dès lors, la Russie est gouvernée comme une colonie : tantôt mal, tantôt mieux, mais toujours comme une contrée peuplée par une race étrangère et destinée à *servir*. Si paradoxal que cela puisse paraître, cette oppression nouvelle possède un trait bien commun avec celle des Tatars : l'une et l'autre favorisaient également le pouvoir despotique et central au détriment absolu de la société. On a déjà pu écrire (Rambaud) que les princes moscovites du quatorzième siècle « se firent les fermiers généraux » des Khans tatars. Les tsars-autocrates du dix-huitième siècle se firent pareillement, si l'on peut s'exprimer ainsi, les *lieutenants-généraux* de la grande armée allemande d'invasion, qui s'efforce depuis mille ans à la conquête de l'Est (1).

Plus tard, quand même ce rôle, en somme subalterne, leur parut trop modeste, ils ne cessèrent pourtant d'exercer celui de hauts protecteurs des intérêts allemands en Russie.

Quant à l'influence française, la dernière

(1) Le fameux réactionnaire Katkof lui-même a pu écrire encore en juillet 1886 : « En effet, nos pèlerinages chez le prince de Bismarck rappellent un peu trop les anciens voyages à la Horde d'Or... » *In* RAMBAUD, p. 814.

venue, elle semble répondre principalement à
un raffinement progressif des mœurs et au
besoin d'un certain « luxe intellectuel ». Elle
continue en quelque sorte la traditionnelle pénétration polonaise du dix-septième siècle et
conserve toujours ce caractère exclusivement
spirituel d'éducateur littéraire, artistique surtout et mondain (1).

Il nous reste à indiquer les facteurs qui, laissant échouer la pénétration civilisatrice polonaise si intense pourtant au dix-septième siècle,
déterminèrent ce caractère exclusivement allemand, ou, si l'on veut, hollando-allemand, de
l'abrupte et foudroyante réforme de Pierre le
Grand.

*
* *

> « La Russie sauva-t-elle
> l'Europe du joug brutal de
> la soldatesque ? — Sur ce
> point la discussion reste
> ouverte. Mais aucun doute
> n'est permis sur ce que la
> Russie sauva l'Allemagne
> du joug français. »
>
> (ISKANDER (HERZEN), *Cinq ans.*
> Londres 1860, p. 118.)

On a essayé d'expliquer le choix de Pierre le
Grand par une simple nécessité d'ordre tac-

____

(1) Par deux fois les autocrates russes ont voulu transformer ces « simples liens de sympathie » en une collaboration
active et réellement efficace. L'un d'eux, Paul 1er, fut assas-
siné par Pahlen (un Livonien) et Bennigsen (un Hanovrien),
juste au moment où il venait d'envoyer au roi de Prusse

tique : il devait s'allier aux Allemands et aux
« germanisants », car il lui fallait combattre à
la fois les « vieux-moscovites » et les « latinisants » polonophiles du camp de Sophie.

Cette explication est absolument insuffisante.
Au fond, elle n'explique rien ou presque rien,
car il s'agit non pas de mettre en lumière telle ou
telle décision de l'autocrate, mais de démontrer
pourquoi cette décision eut des conséquences
si durables, pourquoi cette initiative personnelle s'enracina si profondément dans l'existence russe jusqu'à devenir en quelque sorte
une institution nationale et en tout cas un des
aspects essentiels de l'autocratie.

Bien plus, satisfaisante en apparence semble
la réponse qui met du côté de la Pologne la
soi-disant « responsabilité » de l'orientation allemande de la Russie. Une faute originaire de
la « politique moscovite » de la Pologne au
début du seizième siècle et puis l'affaiblissement du prestige polonais vers la fin de ce
même siècle, voilà quelles seraient les causes
déterminantes de ce triomphe du germanisme.
Il y a certainement du vrai dans cette assertion.
Premièrement, quant à la « politique moscovite », il y eut en effet une ou plutôt deux
fautes, car la Pologne, nous l'avons dit plus
haut, ne se décida ni à écraser la puissance
russe quand l'occasion s'en présenta au roi
Batory (en 1581), ni à l'attirer vers son vaste

une note comminatoire. La seconde initiative appartient en
propre au tsar Nicolas II.

système de l'Union libre et libératrice au temps de Zólkiewski et du roi Sigismond III : par deux fois la politique « romaine » fit échouer ces précieuses occasions qui ne se renouvelleront point. Il est évident que, d'autre part, la diminution du prestige polonais vers la fin du dix-septième siècle pourrait entraîner un fléchissement de son influence civilisatrice à l'est. Mais ici encore il faut se garder d'exagération. D'abord l'influence polonaise ne touchant qu'indirectement au domaine de la politique, ne pouvait être tellement affectée par l'assombrissement de la puissance politique de l'État polonais. Puis, l'enlisement de la vie publique en Pologne, la *grande crise* polonaise, n'acquiert sa vraie signification à l'extérieur que plus tard, précisément à cause de la complicité des *deux* politiques allemandes : celle de la Prusse et celle de la Russie. Pour le moment, c'est la vitalité polonaise qui, au contraire, peut surprendre (après la terrible période des invasions multiples et simultanées : suédoises, russes, hongroises, tatares et cosaques) et le souvenir des victoires étincelantes d'un Czarniecki ou d'un Sobieski est encore bien vivant (1).

Enfin, le prestige des États allemands à cette époque n'est pas, somme toute, tellement éclatant et celui de la Prusse en particulier est seulement *in statu nascendi*.

---

(1) La victoire de Vienne est de 1683; la chute de la tsarevna Sophie et de Vasili Golitsyne, de 1689.

La vraie cause du caractère essentiellement allemand de la réforme de Pierre le Grand, la cause profonde et décisive, fut l'opposition dramatique des « libertés polonaises » et du principe autocratique ainsi que la conformité parfaite de ce principe et de l'esprit allemand. L'influence polonaise, comme plus tard l'influence française, même sous la forme la plus désintéressée, ne pouvait s'étendre en Russie qu'au détriment du régime autocratique : discrètement, imperceptiblement, elle sapait les bases mêmes du despotisme. La mollesse d'un Feodor ou la sagesse d'une Sophie laissaient s'accomplir *naturellement*, sans heurts ni tensions suprêmes, cette action dissolvante. La délivrance du peuple russe, du pesant régime autocratique byzantino-tatare, s'annonçait déjà dans l'aube lointaine de l'avenir...

Arrive soudain Pierre le Grand : autocrate de race, l'homme d'une volonté impétueuse et d'une passion véhémente, celle de dominer. Il voit la menace ou plutôt il la pressent d'instinct. Toute son énergie de dompteur d'hommes et de choses, il va l'employer pour conjurer le danger, pour intensifier l'œuvre autocratique, et traditionnelle d'*unification* et de *nivellement*.

Or, pour briser la société et surtout pour *l'asservir*, quel moyen précieux que cette collaboration dévouée des idées et des hommes allemands.

L'obéissance aveugle, jusqu'à la bassesse, la

discipline basée sur l'ancienne « fidélité teutonne », non à une institution (fidélité du Romain à l'État), mais à la personne du Chef; l'exactitude, la ponctualité, l'ordre, par conséquent de réelles capacités administratives; le manque absolu de scrupules; le mépris du *droit* et l'amour superstitieux de la *règle;* la science sans conscience et la religion sans foi, enfin toutes ces « vertus germaniques » larges, débridées ou mesquines devaient rendre un service inappréciable à l'œuvre de l'affermisse-ment autocratique.

Le protestantisme allemand lui-même, ce cri puissant vers la liberté qui dégénéra si rapidement en un soupir de soumission, fut beaucoup moins incompatible avec l'orthodoxie russe que le « latinisme polonais », convoyeur inconscient de toutes les libertés. Bien mieux, il a contribué sérieusement à transformer la religion en un service d'État : sorte d'administration et de police spirituelle.

Ainsi, au lieu de s'affaiblir par ce brusque contact avec l'Occident, l'autocratie russe en tira une force nouvelle de combat. En s'appropriant quelques méthodes de technique administrative et quelques procédés perfectionnés de l'absolutisme occidental, le génie par excellence imitatif de Pierre le Grand les appliqua adroitement à la vieille tradition du despotisme moscovite. Par excès de sa passion d'ordre (c'est aussi une des formes de la passion de dominer) il est parvenu à endiguer, mais aussi à emprisonner le fleuve encore paresseux de la vie russe. Il réussit à faire refluer pour deux siècles le courant naissant de ses aspirations libérales. Il fut un grand destructeur : il *immola* la Russie pour ne pas y laisser *s'amollir* l'autocratie. Dès lors, suivant l'expression de Tchaadaïev, la Russie continuera de s'accroître, mais elle cessera de progresser : figée dans une attitude du prosternement moral, elle cessera de mûrir et, socialement parlant, de vivre. Elle ne sera pour longtemps qu'un immense réservoir d'énergie purement biologique.

Et les Allemands vont s'appliquer avec ténacité au maintien de ce système rigide des choses et des forces. Ils pourvoiront le despotisme de moyens matériels et techniques. Ils lui assureront leur aide patiente, tantôt féroce, tantôt souple et laborieuse. Au besoin, ils sauront plier : ils se soumettront moralement pour dominer matériellement. Leur influence ne changera d'ailleurs en rien la vieille autocratie moscovite. Quantitativement, elle sera imposante ; qualitativement, nulle : elle va la confirmer et l'affermir tout simplement. La vie moscovite pleine de saveur orientale, de quant-à-soi et de parfum âcre de barbarie, mais aussi de promesses civilisatrices pour l'avenir, cette vie riche, en somme, mais très peu différenciée, va être incrustée par force dans le cadre fixe d'un ordre abstrait, rationnel et compliqué : il en résulta une asphyxie générale des centres vitaux avec des réveils terribles et des sursauts de révolte purement destructeurs, à la Pougatchev.

En même temps, à travers cet implacable et long assujettissement, va se jouer aussi sur l'immense théâtre de l'Empire des tsars une partie de l'âpre et sublime tragédie germano-polonaise. Ce ne sera d'ailleurs qu'un seul acte et non pas, tant s'en faut, le dernier car, bien entendu, le combat est loin d'être terminé. L'influence polonaise disparaît au dix-huitième siècle presque entièrement de la surface de la vie russe. Cependant, pareille à un thème mélodique d'une large et complexe symphonie, elle vit toujours un peu sourdement au fond des multiples sonorités orchestrales : elle attend son heure pour réapparaître victorieuse et consolidée (1).

(1) Même au dix-huitième siècle l'influence polonaise se fait sentir très nettement dans la constitution de 1730 où « les points » présentés à Mitau à Anna Joannovna par les seigneurs russes qui « devaient cruellement expier — dit RAMBAUD — cette tentative généreuse. « En effet, les maréchaux Dolgorouki et Golitsyne moururent en prison, Vassili Loukitch et deux autres Dolgorouki furent décapités, l'ancien favori Ivan Dolgorouki roué vif à Novgorod. Lœvenhold, Osterman, Korff, Keyserling, Münich, Bismark, Gustave Biren les remplacèrent. Après ce sombre avortement de la première constitution russe, le prince Dimitri Golitsyne confessait avec un amer pressentiment de l'avenir : « La table était préparée, mais les invités ne s'en sont pas montrés dignes ; je sais que je payerai cette entreprise manquée. Soit ! je souffrirai pour la patrie, je n'ai d'ailleurs plus longtemps à vivre et ceux qui aujourd'hui me font pleurer auront un jour à pleurer plus que moi. » *In* RAMBAUD, *op. cit.*, p. 427.

Ainsi, l'autocratie russe, aussi bien après qu'avant l' « européanisation à l'asiatique » de Pierre le Grand et plus encore peut-être après qu'avant, est restée un principe intangible et comme suspendu au-dessus de la société systématiquement nivelée... Sa conception de l'État, où dominait, je n'ai pas besoin de le rappeler, une contrainte rigide et mécanique, une discipline sans souplesse, un mépris de l'individu et une peur superstitieuse de la vie, cette conception exigeait la passivité des énergies humaines. Elle ne pouvait se réaliser que par une *dissociation* quasi absolue de la puissance matérielle et de la force morale, de l'individuel et du social, *de l'ordre et de la liberté.*

VI

LA DISSOCIATION DE LA VIE RUSSE

Cette *dissociation* est un fait moral, peut-être le *seul* fait moral, négatif d'ailleurs, que l'autocratie ait su créer et introduire dans la vie russe. En effet, cette dissociation semble traverser en profondeur toute l'existence russe : elle semble trancher ses liens politiques, sociaux et moraux, elle atteint la famille (1) et l'homme lui-même dans son « esseulement social ». La flexibilité, la fluidité apparente ou réelle du type russe, ses dons incomparables d'analyse et de critique (d'auto-analyse et d'auto-critique surtout) ne sont que les preuves et en même temps les résultats indirects de cette dissociation fondamentale. Les héros de Dostoïevski, ceux de Tolstoï et Tolstoï lui-même — se frappant, s'accablant, fuyant le monde et le

____

(1) Ici appartient le problème si cruellement vivant en Russie des *Pères et Enfants*, thème classique des romanciers russes depuis Tourgueniev jusqu'à Andriev et Gorki.

maudissant — ne nous. donnent-ils pas tous ce spectacle à la fois grandiose et terrible d'une force et d'une impuissance tragique : impuissance à réaliser l'harmonie intérieure et *l'unité morale* de l'être humain ?

Le Double (1) de Dostoïevsky en particulier dépasse en ce sens le domaine de la littérature et son héros devient un symbole. L'histoire de Yakov Petrovitch Goliadkine me paraît représenter, en effet, non seulement le dédoublement de la personnalité, mais aussi une maladie sociale que Dostoïevsky nous montre à travers ce cas morbide. Sous le poids du système compliqué mais rigide qui écrase et absorbe la vie russe, la personnalité de Goliadkine se brise et se scinde en deux « moi ».

L'un vit dans l'« ordre établi », s'adaptant aux circonstances compliquées, s'insinuant, s'humiliant, s'aplatissant pour réussir ; l'autre, toujours prêt à s'insurger contre la liberté même de l'existence, poursuit je ne sais quel mirage incohérent de redressement moral et de révolte pour glisser finalement dans l'abîme de l'obsession et de la folie. Ainsi, ce triste héros du « poème pétersbourgeois » de Dostoïevsky incarne le danger permanent qui menace la vie russe, dissociée par le régime autocratique. Il indique en même temps une opposition essentielle entre l'existence russe et celle de l'Europe occidentale : A la différenciation

____

(1) Paru en 1846.

croissante de la vie collective correspond en Occident une complexité de plus en plus raffinée — mais toujours mieux harmonisée — de la sensibilité et en général de la personnalité humaine. Par contre, la dissociation de l'existence russe pousse l'homme contemporain vers cet état d'équilibre instable, où les forces morales se désagrègent au contact de la réalité et se dissolvent en un essaim de nuances psychologiques impropres à se maintenir victorieusement dans l'« espace social ».

Là, le « moi psychologique » et le « moi social » se pénètrent et se confondent de plus en plus ; ici ils sont superposés et opposés même parfois. Le sentiment de cette double vie et de cette dissociation intérieure existe chez un nombre de personnages de Dostoïevsky : Raskolnikov, Ivan Karamazov, Efimov (dans *Netotchka Nezvanova*), Nastasia Fillipovna (*Ibid.*), prince Mychkine. Est-ce un cas purement individuel la propriété exclusive du seul Dostoïevsky ? — Mais d'abord, le même phénomène se laisse observer chez les personnages de Lermontov (le Héros de notre temps), de Tourgueniev (Roudine), même de Tolstoï (Olénine et Pierre Bezouchov) et chez toute la famille si nombreuse dans la littérature russe des « inadaptés » et des « inutiles » (*lichniyë liudi*). D'autre part, de nombreux écrivains se sont bornés à indiquer cette dissociation dans le plan social de la vie (Tourgueniev dans *Pères et Enfants*, Naïdienov dans *les Enfants de Va-*

niouchine, Gorki dans *les Bourgeois*. Seulement, Dostoïevsky, grâce peut-être à certaine prédisposition héréditaire et surtout grâce à son génie d'analyse psychologique, a pu révéler comment cet état de dissociation sociale se prolonge dans l'individu et y provoque souvent des phénomènes morbides.

Mais il est temps de redire avec le duc de Saint-Simon : « L'enchaînement naturel de toutes ces choses m'emporte, il faut se ramener. »

VII

LES ELÉMENTS DE LA LIBERTÉ RUSSE

LA NÉGATION, LA DISCONTINUITÉ. QUELQUES SUGGESTIONS LITTÉRAIRES

Quelle est donc la liberté qui correspond à cet ordre traditionnel élaboré par l'autocratie et à cet état de dissociation intérieure?

Je n'ai pas besoin d'insister sur la conception autocratique ou « officielle » de la liberté qui en fait n'existe pas ou qui — si elle existe — est devenue le synonyme du prestige russe et de la toute-puissance de la Sainte-Russie. Cette liberté se réaliserait le jour où la Russie « serait libre », c'est-à-dire assez puissante pour « unifier » et « niveler » le monde entier (1).

(1) La propagande « bolcheviste » poursuivait au fond le même but quand elle s'efforçait d'imposer à tous les belligérants ses théories de nivellement par en bas. Elle le faisait plus sincèrement peut-être et plus naïvement en tout cas que les ministres d'un Nicolas Ier ou d'un Alexandre III.

La vraie liberté russe, il faut la chercher naturellement dans le camp de l'opposition, dans le milieu des révoltés contre « le régime établi ». Mais ici la grande loi de la vie russe — la dissociation — apparaît de nouveau sous la forme de la discontinuité de l'effort politique et social : le manque de tradition libérale et libératrice. « Car là (dans le domaine social), comme dans le domaine de la religion et des institutions politiques, le passé n'avait légué aucune tradition au présent. Et cette conclusion, ajoute M. Milioukov, était également justifiée par l'étude de l'histoire de l'aristocratie, de la petite noblesse et de la bourgeoisie (1) ».

En effet, systématiquement nivelée, brisée et persécutée par le pouvoir central, la société russe n'a pas pu créer une tradition vivante, c'est-à-dire susceptible d'un développement progressif et continu. Le fameux *Voyage de Pétersbourg à Moscou* de Radichtchev (2) qui inaugura le mouvement social et libéral dans la littérature russe ne paraît qu'à la fin du dix-huitième siècle (en 1790). Mais Radichtchev, ainsi que son contemporain Novikov, expie sévèrement son initiative et le mou-

(1) Milioukov, *la Crise russe, op. cit.*, p. 429.
(2) En lisant le livre de Radichtchev, Catherine II, oubliant sans doute son engouement pour Diderot et Voltaire, s'écrie avec indignation : « C'est l'ensemencement de la peste française, c'est le détournement de l'autorité, l'auteur est un martiniste. » In *Histoire de la pensée sociale russe*, par Ivanov. Razoumnik, Pétersbourg, 1909, I, 45.

vement s'interrompt... Puis, vient l'héroïque et noble tentative des décembristes en 1825 : elle subit un échec complet et sanglant. Les Ryleïev, les Mouraviev, les Pestel, les Lounine meurent sur la potence ou en Sibérie.

C'est seulement vers 1840 qu'un véritable mouvement politique enfin s'organise. Sa rupture avec le passé est absolue. Herzen le constate avec autant de force que d'amertume : « Le respect du passé ? Mais quel est le point de départ de l'histoire moderne russe sinon *l'entière négation de la tradition ?...* Nous sommes indépendants parce que nous ne possédons rien, rien que nous puissions aimer (1) ».

Maintes fois, Herzen revient à ce thème obsédant : « Chez les vieilles nations occidentales — écrivit-il dans *la Cloche* en 1860 — le passé est aussi vivant que le présent... nous, au contraire, nous sommes aussi indépendants dans le temps que dans l'espace. Nous n'avons ni souvenirs qui lient, ni héritages qui imposent des devoirs » (2).

Le même sentiment de discontinuité historique se manifeste vers la même époque à l'autre bout du mouvement intellectuel russe. Tchaadaïev, ce père intellectuel désavoué aussi bien des « Occidentaux » russes que des « Slavophiles », déclare dans une de ses suggestives et profondes « Lettres philoso-

____

(1) *In* MILIOUKOV, *op. cit.*, p. 267.
(2) ISKANDER (HERZEN) et N. OGAREV, *Durant cinq années.* Londres, 1860, p. 181.

phiques » : « Nous (la Russie) suivons le chemin du temps d'une manière si étrange, que chaque pas accompli s'efface pour nous sans retour... Nous grandissons, sans pouvoir mûrir (1). »

Mais ce sentiment amer de « solitude morale dans le temps » n'est pas seulement le symptôme d'une rupture, en somme bien naturelle, avec le passé autocratique et le présent de la Russie officielle. Ce sentiment de discontinuité subsiste au sein même de l'élite qui pense, qui lutte et qui se révolte contre le régime établi. « Des générations entières — constate un écrivain russe contemporain — sont enterrées vivantes. Elles semblent n'avoir rien à léguer aux enfants et même, si elles leur laissent quelque chose, les héritiers se hâtent de renier leur part et de s'en défaire par tous les moyens possibles (2) .»

En effet, chaque génération nouvelle — les « occidentaux » de 1840 et les « nihilistes » de 1860, les populistes de 1870 (3) et les tolstoïens

_____

(1) *In* Ivanov-Razoumnik, *op. cit.*, p. 295. Ajoutons cependant que Tchaadaïev, après avoir constaté l'absence du passé et l'impuissance du présent dans l'histoire de la Russie, semble douter aussi de l'avenir russe, ce pessimisme historiosophique disparaissant d'ailleurs chez lui avec le temps. Herzen, au contraire, dans la négation même du passé et du présent, puise sa foi passionnée dans l'avenir. — Voir le commencement de sa « lettre à l'impératrice Maria Aleksandrovna », *op. cit.*, p. 85.

(2) Andreïevitch, *Essai de philosophie de la littérature russe.* Saint-Pétersbourg, 1905, p. 454.

(3) C'est pourtant dans le « populisme » de toutes nuances que se manifeste le mieux — nous le verrons dans la

de 1880, les socialistes populistes (révolutionnaires) et les socialistes orthodoxes (marxistes) jusqu'aux bolcheviks actuels inclus — tous commencent leur action par une négation radicale du passé, par une rupture éclatante et farouche avec l'effort des prédécesseurs immédiats ou des devanciers lointains. Ainsi, le symbolique débat entre *les pères et les enfants* continue toujours et l'œuvre autocratique de dissociation s'accomplit à travers l'effort libérateur dirigé contre ce même régime de l'autocratie.

Dans un de ses romans plein de vraisemblances à la fois audacieusement fantastiques et réalistes, H. G. Wells décrit un phénomène de l'existence lunaire où, grâce à une extrême raréfaction de l'atmosphère et à des changements très brusques de température, une végétation luxuriante et immense s'épanouirait chaque matin pour disparaître le soir. Il y a, semble-t-il, une analogie saisissante entre cette évocation étrangement suggestive du monde lunaire et la vie russe, dans l'« éternel recommencement » de son élan vers la liberté. Dans la froide nuit de la négation absolue, le passé meurt sans traces afin que l'aube nouvelle puisse engendrer de nouveaux fantômes semblables aux disparus et qui iront, comme les autres, s'engouffrer dans le néant à l'heure crépusculaire...

suite — le germe vivant, quoique bien faible jusqu'à présent, de la tradition sociale russe.

Ainsi, chaque génération russe, l'une suivant l'autre, semble avoir fait sienne la franche et mâle devise de Proudhon : *Destruam et ædificabo* (1). Il paraît toutefois que, trop souvent, le temps leur faisait défaut pour qu'elles pussent en aborder la partie positive.

Serait-ce que, socialement parlant, les deux tâches sont toujours connexes et ne peuvent être poursuivies séparément?

Serait-ce que la première était plus pressante ou plus facile et que la majorité des intellectuels russes préférait au mot d'ordre de Proudhon cette apostrophe énergique de Pisarev : *Frappe à droite, frappe à gauche, rien de mal n'en résultera et n'en peut résulter* (2)?

En tout cas cette « entière négation de la tradition » proclamée par l'élite intellectuelle russe depuis Herzen et Tchaadaïev jusqu'aux Gorki et Milioukov a créé un sentiment spécial

---

(1) Si nous faisons cette allusion à P.-J. Proudhon, c'est que son « anarchisme communiste avait fortement influencé la pensée sociale russe. Herzen, en particulier, était son admirateur fervent.

(2) Dans un célèbre article, publié en 1861, et intitulé : « La Scolastique du dix-neuvième siècle », Pisarev y écrit encore : « Ce qu'on peut casser, il faut le casser; ce qui supportera le coup est bon, ce qui volera en éclats est bon pour le fumier : en tout cas, frappe à droite, frappe à gauche, etc... » *In* Ivanov-Razoumnik, *op. cit.*, II, 89.

Pisarev, dont l'influence sur la pensée russe fut très forte, est le père intellectuel de ce large courant de l'extrême individualisme russe mieux connu sous le nom de « nihilisme », ce terme étant lancé par Tourgueniev dans son retentissant roman les *Pères et Enfants.*

de liberté, ou mieux, un sentiment d'indépendance absolue par rapport aux conditions historiques de la vie russe (1).

On est arrivé à cette ferme conviction que le terrain de la vie est moralement déblayé et que l'espace social est libre...

> Contrée nue, blanche et ouverte comme une page
> prête pour l'écriture...   (MICKIEWICZ.)

Il suffit donc d'abolir l'obstacle purement matériel, le régime politique (2) pour construire librement l'édifice impeccable et immense de l'avenir.

Ainsi, la liberté russe n'est pas une réalité : c'est une conception. Son radicalisme (comme en général le radicalisme et l'extrémisme russes) résulte précisément du fait qu'elle ne s'appuie pas sur l'expérience historique, sur le vécu. La conception d'un ordre nouveau social ou politique se construit plus aisément, bien entendu, dans le vide, là où rien ne heurte l'ordonnance géométrique du système et rien n'empêche l'imagination de s'épanouir libre-

(1) Pour éviter un malentendu, disons tout de suite : La rupture de la tradition ou la discontinuité historique russe est un fait très réel, mais la pensée russe a encore exagéré et « idéalisé » ce fait en une sorte de catégorie absolue de l'existence russe.

(2) « L'autocratie resta donc ce qu'elle est réellement : un fait et non une institution légale » écrit MILIOUKOV dans la Crise russe, op. cit., p. 122, et répétant la même assertion, il ajoute à la page 424 du même ouvrage : « Et c'est ce manque d'éléments idéologiques qui l'a empêchée de devenir une tradition vraiment historique. »

ment (1). Puisque rien n'existe — ni frein, ni obstacle — donc tout est possible. L'homme peut tout comme Dieu ou… comme le tsar lui-même.

« La Russie ne sera jamais un juste milieu. Nous voulions toujours atteindre l'extrême et le tout » affirma un jour Herzen. Il y a beaucoup de noble orgueil et pas mal de présomption dans ce cri sincère et passionné. C'est la Russie entière (la Russie révolutionnaire) qui, après avoir renié son passé, proclame ainsi son espoir farouche d'enfant déshérité : pouvoir créer de rien et dans le vide tout son présent et tout son avenir.

Cette conception purement négative de la liberté, comprise comme une simple absence d'obstacles, semble être, dans l'ordre de la pensée, le résultat suprême de la dissociation de la vie russe et de la discontinuité de son flux historique. La volonté russe fut placée alors devant ce paradoxal dilemme : *subir l'immuable fatalité autocratique ou être condamné à un choix perpétuel dans l'infini des contingences.*

(1) C'est pourquoi les esprits rationalistes portés aux jeux brillants de l'imagination abstraite se laissent si souvent séduire par le « charme russe ». Cette immensité vide les fascine et les attire, tandis que la tradition leur parait naturellement bien difficile à manier, à systématiser étant par excellence irrationnelle.

D'autre part, les rêveurs vagues et irrésolus aiment aussi à promener voluptueusement leurs regards sur cette mer infinie des contingences… illusoires.

Mais choisir, c'est renoncer à l'infini du possible abstrait au profit d'une réalité concrète et déterminée, c'est mettre un frein à l'épanouissement intégral de son moi, c'est enfin devenir responsable de ses actes et même de son *inaction*. Or, devant ce renoncement et cette responsabilité, la volonté russe recule d'effroi. Tantôt, elle préfère s'épuiser aux pieds de *la Muraille* symbolique d'Andreïev (1), tantôt dans l'épouvante aveugle de son propre déchaînement, elle se jette dans le gouffre de l'ultime inconnu.

« Le fardeau insupportable de la liberté » entraîne donc l'homme à choisir cette extrême limite du possible : anéantir la volonté par l'extinction du foyer même du vouloir (2).

Le roman russe, si profond et si suggestif précisément par sa pénétration analytique, a montré dans un personnage de Dostoïevsky, Kirillov, cet éblouissement mortel, produit par une liberté sans bornes.

L'immensité du vide attire comme un abîme. Kirillov y périt... « car, dit-il, le suicide... c'est l'unique moyen par lequel je puis affirmer mon insoumission et ma nouvelle terrible liberté (3) ».

---

(1) Andreïev y évoque la fatalité de l'existence russe et toute l'angoisse de vivre qui en résulte.

(2) On pourrait rapprocher ici la conclusion de la *Sonate à Kreuzer* où Tolstoï évoque un problème analogue, quoique sous une impulsion et sous un aspect bien différents.

(3) *Les Possédés*, OEuvres complètes (en russe), VIII, p. 554. Ce roman parut en 1871-72.

Nous rencontrons une situation morale analogue dans un récit de Maxime Gorki. Son héros, Larra, commet un crime énorme. Les juges cherchent longtemps en vain un supplice pour le punir. Un vieillard enfin y réussit : « C'est un terrible châtiment, dit-il; de mille ans vous ne pourriez en imaginer un pareil... *Qu'il soit libre.* Voilà son châtiment (1) ».

Et bientôt, au milieu de sa liberté sans limites, Larra aspire à son propre anéantissement. « Le terrible fardeau de la liberté » l'écrase mieux que tout autre supplice...

Le même paradoxal problème du vide social et de la « svaboda » absolue séduit enfin le brillant et suggestif écrivain contemporain, Léonide Andreïev. Nous avons déjà signalé son angoisse mystique devant l'inflexible nécessité de « la Muraille ». Mais ce complet « esseulement social » semble être un réel trait commun à tous ses héros (2). Tel, par exemple, ce Job moderne russe, le père Fivieyski que le destin-hasard frappe avec une régularité cruelle et inépuisable. Et le pauvre père ne se sent vraiment fort et libre qu'à l'heure où la démence le délivre enfin de tout, même du fardeau le plus insupportable, celui de vivre...

(1) *Les Récits* (La Vieille Izerguile). Saint-Pétersbourg, 1903, p. 117.

(2) Cf. ANDREÏEVITCH, *op. cit.*, pp. 500-503. Voir aussi le poignant *Abîme* d'ANDREÏEV.

Combien ces personnages nous paraissent aujourd'hui significatifs et symboliques...

Enfin, les romans d'un Artsybachev si populaire en Russie exhalent le même parfum moral, mais encore plus intense et plus suffocant. *Aux Confins*, en particulier, est une véritable apothéose de « la maladie de la mort » et de la négation.

Contemplée dans son aspect, si je puis dire, « métasocial », toute la Russie nous apparaît aujourd'hui comme suspendue au terrible dilemme de Kirillov. Séparée de son passé, dotée d'une tradition qui consiste précisément à nier toute tradition, avide de liberté *en soi* et incapable encore de créer la liberté réelle, fascinée enfin par le mirage lointain d'une félicité pastorale uniforme et obligatoire, elle se précipite comme une avalanche dans l'abîme de l'avenir.

VIII

LE JOUG MORAL DU PASSÉ

Mais les nations ne vivent ni ne périssent
— tant s'en faut — à l'instar des individus.
« Les dangers mortels » ne sont souvent pour
elles que de grands avertissements. Tel fut le
rôle des partages, du premier surtout, en Pologne. La crise actuelle jouera-t-elle ce rôle en
Russie ? Nous n'en doutons point.

Nous avons vu comment le désir de liberté
intégrale qui ne conçoit pas un ordre pour la
réaliser conduit à une catastrophe sociale inévitable, et comment, psychologiquement parlant, cette « noble gloutonnerie de liberté »,
mène au suicide ou à la folie. Mais quand la
pensée russe veut concevoir un ordre afin d'y
réaliser une liberté, elle se voit aussitôt contrainte de faire acte d'une sorte de complicité
morale avec la tradition, si pauvre et si abhorrée soit-elle.

Or, la discontinuité suprême de la tradition

russe intervient ici de nouveau et amène un résultat inattendu. Cet « éternel recommencement » provoque, en effet, une « éternelle répétition » et par conséquent une imitation passive des vieux procédés et des méthodes *traditionnelles* (1). Ce phénomène se produit d'ailleurs un peu partout où la lutte ramène les adversaires au même plan de combat et les incite à se servir d'armes identiques. En Russie, grâce cependant à une régularité géométrique et immuable du principe autocratique, ce parallélisme et cette symétrie deviennent obsédants comme un cauchemar. Les deux adversaires s'opposent et se ressemblent ainsi que dans un miroir l'image à l'objet réfléchi. Ceci est surtout vrai pour « les extrémistes » dont le radicalisme pur ne déforme et ne réfracte même pas les idées reçues, mais les affirme ou les nie en bloc avec une égale et farouche promptitude.

Ainsi le grand problème de la pensée russe : *comment utiliser la tradition autocratique justement abhorrée, tout en se libérant de son poids moral écrasant*, ce problème demeure entier et

---

(1) M. Milioukov semble refuser cette qualité à l'autocratie dans laquelle il voit « un fait et non une institution légale » (cité plus haut, p. 17, n. 4) capable de créer une tradition. Mais un tel fait politique qui dure et règne pendant cinq ou six siècles ne devient-il pas au bout du compte une *institution*, et même une *institution légale* au sens *juridique* de ce terme ? En tout cas, ce « fait » ne manquait pas de produire une tradition et M. Milioukov lui-même n'a pas pu ou n'a pas voulu, en tant que politique, se dégager de son emprise.

il faudra beaucoup de courage obstiné et de désintéressement pour le résoudre avec succès. Pour le moment, au lieu d'*utiliser* ce dur et sombre héritage, on paraît plutôt se le *partager* spontanément.

D'une part, en effet, « les libéraux » (et naturellement les partis de droite) semblent s'exercer dans l'antique métier moscovite de *rassemblement des terres* et d'*unification*. Le fédéralisme russe proclamé récemment à grands frais d'éloquence n'est qu'un piège oratoire tendu avec plus ou moins de [candeur inconsciente : s'y laissera prendre qui voudra (1). Au fond, il nous est aussi difficile de croire à la réalité du fédéralisme russe qu'à la possibilité du soi-disant impérialisme polonais unificateur et oppressif : toute l'histoire s'y oppose.

D'autre part, les extrémistes de gauche les « bolchevistes » tout en se désintéressant de la grandeur et de l'« unité » russes, manifestent une volonté plus ferme encore de s'adonner à la seconde tâche du régime auto-

(1) L'histoire connaît déjà un travestissement analogue. Quand la Pologne avait accordé sans arrière-pensée de réelles libertés et de sérieux avantages aux Cosaques de Bohdan Chmielnicki (Khmielnitski), la politique moscovite surenchérit sur tous les points avec une adresse remarquable : le pacte de Pereïaslav (1654) en résulta. L'*Ukraine* devint alors la *Petite-Russie* et les Cosaques purent bientôt juger de la valeur des « garanties » moscovites. Il est à noter que le nom de *Petite-Russie* apparaît alors en 1654 pour la première fois dans un acte public, c'est-à-dire environ un siècle après celui de l'*Ukraine* qu'on rencontre déjà au seizième siècle.

cratique : celle du *nivellement social* par contrainte, du nivellement *par en bas* bien entendu. On s'efforce en somme, d'un côté comme de l'autre, de réaliser à l'improviste une sorte *d'autocratie à rebours*.

Mais cette division *sui generis* du travail n'est au fond qu'une nouvelle preuve de dissociation intérieure, en même temps qu'une sorte de revanche prise inconsciemment par la Société sur l'Etat autocratique et oppresseur.

Par un paradoxe saisissant, malgré la négation russe de toute tradition et le mépris du passé — serait-ce plutôt à cause de ce mépris et de cette négation ? — nulle part ailleurs (en Europe du moins) le passé ne pèse plus durement qu'en Russie sur les ouvriers de l'avenir. La malédiction ironique de Gœthe semble se réaliser ici avec une suprême exactitude : *Weh dir, dass du ein Enkel bist !...*

IX

LE ROLE DU « MIR » COMME ANIMATEUR
DE LA PENSÉE SOCIALE

Cette implacable et rigide suprématie du passé ne résulte nullement d'une richesse spéciale de la tradition autocratique, ni même de son apparente splendeur. Elle provient, il est vrai, de la victorieuse résistance du régime autocratique pendant quelque quatre ou cinq siècles aux coups du destin ; mais elle relève surtout de la pauvreté de la tradition vraiment sociale en Russie. Cette tradition, nous l'avons vu, est de fraîche date. Elle commence à se former au cours du dix-neuvième siècle en tant que *négation pure* de l'ordre existant : d'où sa conception de *liberté en soi*, négative, elle aussi, et abstraite. Cependant, si discontinue et dissociée soit-elle, cette nouvelle tradition ne cesse de graviter autour d'une institution populaire, dont l'existence est due — affirment ses admirateurs — à une faculté créatrice spéciale du génie social russe et qui demeure une expression, d'ailleurs fort imparfaite, de l'aptitude supérieure du paysan grand-russien à la vie collective. La commune russe, le *mir*, voilà le seul facteur *positif* qui figure dans la tradition sociale indépendante en Russie. C'est le *mir* aussi qui apporte un contenu positif et vivant à la vide et abstraite conception de la liberté et de l'ordre russes. Peu importe désormais si le *mir* représente un vestige de l'antique coutume slave, ou s'il est — ainsi que de récentes recherches l'ont démontré — d'origine moins vénérable, datant du seizième siècle au plus tôt et ne représentant en réalité qu'une institution purement fiscale. D'ailleurs point n'est besoin d'entrer dans le dédale de ces controverses sur la genèse du *mir*, ni même de s'attarder pour le moment à une description détaillée et à une analyse de sa structure.

Constatons seulement que depuis 1840 environ le *mir* servit de point de départ à tout un effort très complexe de la pensée sociale russe. Tantôt il suggéra aux théoriciens du populisme une idée de réalisation collectiviste *à part*, c'est-à-dire d'après un schéma spécial et dans un ordre particulièrement réservé à la Russie (les populistes depuis Bakounine jusqu'aux socialistes révolutionnaires actuels) : l'idée du « saut ». de la Russie par delà le régime capitaliste dans l'ordre collectiviste. Tantôt il permit aux slavophiles de broder leurs conceptions messianistes sur le canevas insipide de la réalité officielle : l'idée de la régénération de « l'Occident pourri » par la Russie. On la rencontre à l'état diffus dans toute la pensée contemporaine russe ; elle demeure aussi au centre de l'idéal révolutionnaire actuel. Ainsi, les recherches et les débats sur le *mir* deviennent une sorte de rendez-vous intellectuel de la pensée russe : les plus téméraires chambardeurs de l'ordre social, les plus fidèles serviteurs de la tradition officielle et les simples ajusteurs de la vie aux doctrines importées, tous s'y rencontrent et s'y coudoient avec un égal empressement. Le socialisme russe, en particulier, malgré l'écrasante rançon intellectuelle et morale payée au marxisme orthodoxe et en général aux doctrines allemandes, le socialisme populiste surtout subit une attraction intense de ce phénomène original, sinon étrange, de la vie russe (1). La pensée dite « libérale » gravite plutôt autour du *ziemstvo* (une organisation d'autonomie locale introduite ou plutôt accordée par Alexandre II en 1864) dont le rôle important au point de vue pratique du progrès social l'est beaucoup moins dans le domaine de la théorie sociale et politique. Le rôle joué par les ziemstvos était en effet bien plus *philanthropique* que *social* ou

(1) Depuis Herzen et surtout Bakounine jusqu'aux Plekhanov et Axelrod (qui n'étaient pourtant pas des « populistes ») le *mir* suggère aux écrivains radicaux russes les problèmes à résoudre et leur fournit une matière abondante à réflexion : il fut le véritable levain de la pensée socialiste en Russie. Les Tchernychevski, les Mikhaïlovski en font foi.

politique. D'après une locution courante citée par Milioukov, les ziemstvos « sans base et sans toit flottaient en l'air », n'ayant ni une organisation élective inférieure pour pouvoir être en contact direct avec la population, ni une institution de représentation centrale (1).

Grâce donc à ses origines anciennes et en apparence spontanées, grâce à son originalité et surtout à son existence bien réelle, le *mir* aurait pu devenir un foyer, un véritable laboratoire de *l'unité morale* russe. Il ne s'agit certes pas ici de cette unité rigide et factice rêvée par l'autocratie et qui ne couvre qu'un néant. Il s'agit de *l'unité vivante* qui n'exclut ni une controverse âpre, ni même une lutte tenace et qui relève précisément d'une *diversité intense de vues sur la même réalité nationale*. Malheureusement, l'enthousiasme soulevé par le *mir* a cessé de représenter pour elle une « cellule vivante » de la future société « communiste » : il ne fut plus une *anticipa-*

---

(1) Le libéralisme russe en général se ressent fort de cette situation « flottante » des ziemstvos : il n'est peut-être pas *sans toit*, mais *la base* certainement lui fait défaut. Par crainte de créer le mal, il n'affirme presque pas son existence. On a souvent remarqué qu'en Russie chaque homme, à peu près jusqu'à sa trentième année, est resté un « libéral » parfait : l'âge mûr, par contre, ne connaît pas cette « maladie ». Produit d'importation étrangère, objet de luxe, la *pensée libérale* elle-même, comme certaines plantes exotiques, ne fleurit ici que dans la serre. Dans son radicalisme neuf et reluisant elle semble bien plus parfaite en Russie qu'ailleurs. Elle vit en dehors de la réalité qui signifie lutte et, le moment venu, est prête à toutes les capitulations.

tion de l'ordre nouveau, mais une survivance *vétuste*, hostile à tout progrès. Dès lors, à la place d'une diversité de vues et d'interprétations, se pose une simple *négation :* la nécessité de détruire la commune rurale en individualisant la propriété : tout un problème agraire gros de conséquences et fertile en dangers. Le rôle du *mir* comme animateur de la pensée sociale semble désormais sérieusement, sinon définitivement, compromis.

Pourtant, il faut le reconnaître, l'influence du *mir* sur la pensée russe est loin d'être absolument stérile ; il servit de point unique de contact entre la pensée abstraite et la réalité sociale de la Russie ; il fut le centre de cristallisation d'un effort multiple, parfois contradictoire et bien diffus, il est vrai, mais sincère et réel, vers une réforme et vers la délivrance.

X

LE « MIR »
ÉDUCATION MORALE DU PAYSAN
GRAND-RUSSIEN

Bien entendu, l'influence du *mir* ne se réduit
point à ce rôle d'animateur de la pensée sociale, sorte d' « épiphénomène intellectuel ».

L'action du mir possède, en effet, un aspect
bien plus immédiat, bien plus concret, plus
élémentaire et plus profond à la fois : *l'éducation morale du paysan grand-russien.*

Le mir, nous l'avons vu, est une institution
d'origine fiscale devenue aussi une organisation de la production agricole. Formé sous
l'influence de deux autorités, celle de l'État
et celle du pouvoir seigneurial, le mir, dans
l'espace de trois siècles (seizième au dix-huitième), se constitue peu à peu et sur des modes
différents. Ses traits essentiels sont : la responsabilité fiscale collective et, à des termes
variés, la répartition périodique des terres,

(la propriété collective communale). Ce partage des terres s'opère chaque fois selon la capacité de travail et les besoins de chaque famille appartenant au mir ou suivant le nombre de ses membres mâles et aptes au travail.

Le mir procède aussi, bien entendu, à la répartition des impôts et des charges, en évaluant leur montant et en définissant leur caractère.

C'est le *mir*, enfin, qui hérita de l'autorité judiciaire du seigneur : il l'exerce en jugeant ses membres selon la « coutume », nulle part écrite, car l'application du Code était exclue.

Cette situation a mis chaque membre de la commune en état d'extrême dépendance *de fait et de droit* par rapport à la collectivité. Les membres du mir ne pouvaient par exemple quitter la commune pour s'instruire ou pour s'installer en ville sans une autorisation en règle du pouvoir communal. Au moment de la réforme de 1861, fut même départi au *mir* « le droit de se mêler des affaires de famille et de châtier ses membres par le fouet ou l'exil (1) » (les déportations administratives en Sibérie). On peut admettre, à la rigueur, que dans ces conditions le *mir* préparait le paysan grand-russien à une sorte de vie publique,

---

(1) L'autorité de l'État contribua surtout à former l'aspect fiscal et administratif du mir russe, celle du seigneur, son aspect économique. Cf. Milioukov, *op. cit.*, p. 251 et 257. Cf. aussi La Question agraire en Russie, *le Correspondant* du 10 juillet 1917.

collectiviste très rudimentaire. L'essaim des
« soviets » (des conseils) qui, avec une facilité
incontestable, a recouvert toute la Russie révolutionnaire, en témoigne et le fonctionnement de ces soviets fait comprendre indirectement le caractère de cette éducation primitive
de la commune.

En réalité, toute cette organisation pesante
du mir russe agit surtout dans le sens du nivellement primitif et de la soumission. La consolidation de la solidarité « mécanique », cette
négation de toute liberté individuelle — au
détriment absolu de la solidarité « orga-
nique », vivante et différenciée — tel est, pour
employer les termes d'Émile Durkheim, le résultat essentiel de l'éducation sociale du *mir*
russe. La *soumission*, cette vertu proverbiale
du paysan grand-russien en est l'expression la
plus profonde et la plus complète.

A cette soumission accablante de la masse
grand-russienne, se juxtapose, en la complé-
tant, le besoin de bouleversement total et de
révolte périodique.

En effet, la répartition périodique des terres
et l'instabilité de la « propriété » qui en résulta accentuèrent chez le paysan grand-russien cette tendance déjà si naturelle en lui à
« l'extension aux dépens de l'intensification »
de la culture (1). La possibilité de changer le
lot et de s'étendre sinon mieux du moins dif-

(1) La Question agraire, *op. cit.*

féremment amollissait sa volonté, en affaiblissant le sentiment de l'effort-producteur continu. Une véritable obsession de l'étendue s'ensuivit, conditionnée peut-être par un vestige de l'esprit nomade (le fameux esprit *bosïak*).

Cette « fascination de l'espace » se manifesta précisément dans les différentes « crises » mi-agraires, mi-politiques qui bouleversaient périodiquement la surface unie et apparemment immuable de la vie russe. Une révolte de Pougatchev ou celle de Stenko Riazine, pour ne parler que des plus connues, et jusqu'à la grande crise actuelle, dessinent ainsi les tendances latentes du mir russe. L'habitude de révolte quasi périodique semble correspondre en effet à l'usage de répartitions périodiques des terres. Le moujik révolté sent confusément le besoin d'une justice sociale plus complète, qu'il imagine naturellement sous la forme de quelque répartition générale des biens de ce monde. Dans son instinctive fureur contre tout ce qui l'opprime et le dépasse (ces deux choses se confondent dans son esprit), il veut établir la seule justice dont il est capable d'embrasser le sens : *l'égalité dans l'impersonnalité et le dénûment.*

Mais le plus simple moyen de réaliser cette égalité spécifique, c'est la destruction ou encore c'est *le nivellement par l'abaissement.* Donc le moujik révolté nivelle, supprime, désagrège... Cédant ainsi à quelque instinct tenace et primitif, il réalise en même temps *sa manière d'être libre*, c'est-à-dire : *détruire et ne pas produire*. Alors, pour satisfaire ce penchant obscur et irrésistible, il est contraint à une recherche perpétuelle de l'espace nouveau : A l'instar des « grands rassembleurs de terres russes », négligeant tout effort en profondeur, il semble vouloir dominer uniquement la surface nivelée du monde.

La soumission et le besoin de révolte — ces deux « terribles vertus » (si contradictoires en apparence) du paysan grand-russien — demeurent ainsi les traits essentiels de l'éducation sociale du mir russe. Il y en a d'autres, bien entendu.

Le mir — disaient par exemple ses admirateurs — développe chez le paysan grand-russien un désintéressement marqué ou tout au moins une *indifférence* pour la propriété individuelle. Cette opinion prête à l'équivoque. Le soi-disant désintéressement du paysan grand-russien n'est au fond qu'un certain sentiment vaguement communiste, fait d'imprévoyance et de paresse. La répartition périodique des terres, la responsabilité fiscale collective aidant, a troublé chez lui — nous l'avons vu — la notion de la nécessité et surtout le sentiment de la *continuité de l'effort :* la mesure commune entre le bien acquis et l'effort personnel (le travail) tend nettement à s'effacer dans son esprit fruste et paresseux. Ses attaches à la vie deviennent ainsi plus flottantes et plus indécises. Son étreinte de la réalité, malgré sa robustesse apparente, est certainement plus extérieure, moins forte et moins tenace que chez son voisin d'Occident.

Le paysan français ou polonais prête assurément moins à certains développements admiratifs de la pensée collectiviste. Il est bien moins apte au « désintéressement ». La terre, la propriété terrienne *l'intéressent* au contraire infiniment. Elle est la base et le centre de sa morale, même les sans-terres en subissent le prestige. Elle permet à sa personnalité de s'exprimer et à sa volonté de s'exercer laborieusement. La terre constitue un prolongement de son moi en même temps qu'un lien visible avec le passé et avec les générations qui vont venir, un lien avec ce grand tout : la patrie. C'est par ce long chemin qu'il arrive lui aussi — quand le pays est en danger — à un *désintéressement actif*, c'est-à-dire au sacrifice suprême.

Il faut, en effet, distinguer entre un désintéressement ou un détachement des biens matériels qui est le fruit le plus somptueux de la haute civilisation et ce désintéressement passif, résultat imprévu de la pression du mir russe.

C'est par sa richesse de vie personnelle, par l'épanouissement de son moi que l'homme supérieur peut arriver à éliminer en quelque sorte de son existence morale les préoccupations et surtout les ambitions strictement matérielles. C'est la *surabondance* se vie intérieure qui permet à l'homme civilisé de *surmonter* l'habitude ancestrale de la propriété. En supprimant ou en réfrénant cet instinct, l'homme d'Occident est en état de le remplacer par tant d'autres passions et préoccupations d'ordre social, artistique, scientifique, philanthropique : par une hallucination intense de la vérité ou de la beauté.

Le malheureux paysan grand-russien, au niveau primitif de la civilisation où il est maintenu depuis quelques siècles, n'a qu'un seul moyen de combler ce vide intérieur : *comprimer* encore sa personnalité, la ramener presque à la vie végétale, diminuer sa vie morale et la niveler.

XI

« LE MIR » ET L'AME RUSSE :

INSOUCIANCE PESSIMISTE, SINCÉRITÉ « PURE ET COR-
DIALE », PITIÉ ET REPENTIR ; LE CAS RASKOLNIKOV

A ce désintéressement passif et impersonnel il est possible de rattacher quelques traits psychiques qui semblent caractériser en général la mentalité russe — ce mode spécial de sensibilité, de pensée et de vie morale : l'ingénuité, la sincérité « pure et cordiale », la pitié...

La commune russe a naturellement contribué à la conservation de cette vie primitive diffuse, impersonnelle et inorganisée, soutenue par une contrainte extérieure et mécanique. La passivité et la discontinuité de l'effort si caractéristique de la vie du *mir* et d'ailleurs de toute l'existence russe engendrent naturellement cette *insouciance pessimiste*, tellement différente de *l'insouciance optimiste* du Polonais (1) avec

(1) Là où le Russe profère : *Nitchevo*, le Polonais dit :

tout un cortège de « vertus primitives » qui tendent à disparaître dans la vie occidentale. Une simplicité ingénue et grave, une naïveté enfantine, n'excluant point la ruse ni la malice et qui se mue si souvent et d'une manière si abrupte en une cruauté presque inconsciente, enfin cette sagesse primitive, cristallisée en proverbes dont l'abondance signifie précisément l'habitude de penser et de sentir collectivement — tout cela, joint encore à une réserve presque intacte d'instincts religieux, constitue le vrai milieu psychique de la vie paysanne grand-russienne.

La littérature absorba ces éléments diffus et s'en servit à merveille. Tantôt elle *analyse* pour découvrir les ressorts les plus profonds de l'âme simple (Dostoïevsky, Garchine), tantôt elle *décrit* les modes différents de cette sensibilité *primitive* soumise entièrement au rythme du monde extérieur (Tourgueniev, Tolstoï) qu'elle en devient comme un prolongement et comme une partie intégrante de la nature. Ainsi, dans la gangue même de la vie grand-russienne se retrouvent ces deux aspects du roman russe : *la psychologie* et *l'épopée*.

Jakoś to bedzie (Cela se fera). Les deux expressions sont équivalentes en ce qu'elles s'emploient comme une sorte d'encouragement ou de vague consolation. Mais si le mot polonais exprime un *optimisme* exagéré et insouciant : la certitude d'un résultat possible, sans s'inquiéter des moyens pour l'obtenir, le *nitchevo* russe est essentiellement *pessimiste* et contient un mélange indéfini de générosité un peu dédaigneuse et de mépris pessimiste pour tout effort laborieux et persévérant. Le Polonais se console en *affirmant* plus qu'il ne peut, le Russe en *niant* plus qu'il ne doit.

Nous avons déjà remarqué que cette faculté psychologique correspond à l'état de dissociation générale de la vie russe. Dans une certaine mesure peut aussi y contribuer la « sincérité pure et cordiale », cette vertu si répandue en Russie. En réalité, cette véritable passion de confidence — ou mieux de confession — dérive de l'ingénuité qui confine presque à l'humilité. Mais surtout elle relève de cette impressionnabilité passive de l'esprit russe à qui manque si souvent toute capacité d'effort pour coordonner les « événements » de la vie intérieure et leur imposer une discipline psychologique. Les états de conscience semblent remplir en quelque sorte son *moi*, et le débordant, se répandre tout autour de lui.

Vue du côté moral, cette facilité d'effusions allant jusqu'aux épanchements les plus extravagants suppose un certain «communisme de consciences ». Elle suppose en même temps un manque de sentiment personnel bien défini, lequel présume toujours un sens des différences, des distances et des hiérarchies morales. Une vraie et forte personnalité *s'affirme, mais ne s'étale point*. Elle peut être *sincère*, mais non point *bavarde*, ni trop communicative.

Cette manie d'épanchements « purs et cordiaux » peut exister d'ailleurs avec l'hypocrisie la plus raffinée. Ces deux qualités s'entremêlent et s'entrelacent ingénûment, parfois dans le même individu, pareilles à deux thèmes musicaux opposés dans l'œuvre d'un savant contrepointiste. De cette duplicité pseudo-naturelle, on rencontre un exemple littéraire frappant dans un personnage de Dostoïevsky, Lebedev (1) qui commet toutes sortes de bassesses et de fourberies pour le seul plaisir, dirait-on, de les confesser humblement un jour à sa victime.

D'autre part, toute la psychologie troublante du « criminel héroïque » d'un Raskolnikov, par exemple, semble graviter aussi autour de ce problème : la *nécessité d'avouer*. En réalité, « la théorie » de Raskolnikov (2), anticipant sur celle de Nietzsche, signifie surtout que la liberté d'action (tant en bien qu'en mal) doit croître en raison directe de la supériorité de l'individu. L'homme supérieur, « le surhomme », comme un *princeps legibus solutus* ou comme un tsar, peut donc vivre en dehors du bien et du mal, selon sa *propre loi*. Encore lui faut-il au moins sentir la nécessité de cette vie dangereuse et solitaire, la nécessité d'opposer sa propre loi à la loi générale. Pour supporter la solitude, il faut être un monde qui se suffit moralement.

Raskolnikov avoue son crime non à cause d'un réveil victorieux de sa conscience, mais parce que ces « principes » sont trop individualistes pour son communisme moral et parce que la structure de son moi est trop faible pour résis-

(1) Dostoïevsky, *l'Idiot, passim.*
(2) Dostoïevsky, *Crime et Châtiment.*
(3) On pourrait se demander encore de quelle supériorité il s'agit ici. Est-ce une puissance de volonté ou d'intelligence ? Est-ce une supériorité de passion de vivre, de sensibilité, de révolte ou d'appétits ?

ter à cette suprême tentation : *redevenir comme les autres*. Le fardeau de la solitude et de la responsabilité intérieure (uniquement devant le tribunal de son moi) l'écrase et, pour le fuir, Raskolnikov se replie dans une sorte de « mir moral » où un pouvoir collectif et impersonnel est investi du mandat de répartir les responsabilités et les peines.

La facilité de confession et de repentir public présente ici une manière de dissolution de la responsabilité individuelle dans la masse sensible d'une conscience, émergeant à peine de la mer sociale. L'aveu, la confession, ramènent en quelque sorte au même niveau moral les crimes, les fautes et les vertus, et la noble complicité de cette puissance nivellatrice qu'est la pitié réalise alors une égalité morale de tous les hommes devant Dieu. La pitié, cette vertu essentiellement russe, dit-on, joue ici précisément le rôle d'un dissolvant des responsabilités de tous les actes individuels. Issue de la sensibilité et de l'impressionnabilité du peuple russe, elle exprime l'irréductible *impersonnalité* de sa vie. En Occident, la pitié s'épanouit elle aussi comme une fleur de sensibilité et de solidarité humaines, mais elle exprime surtout le respect pour l'individu qui souffre et non cette intention de dissoudre sa responsabilité et de l'absoudre de ses actes. La *pitié russe* qui, au contraire, *tend à remplacer la justice*, semble se conformer surtout à cette conception quasi religieuse si répandue en Russie de l'homme *éternel coupable*, de l'universalité du crime et de la supériorité définitive du *repentir* sur la vie *simplement honnête*. Le criminel serait plus près de Dieu que l'innocent. Il ne court point ce terrible danger d'orgueil : déjà humilié par son crime, il n'a, pour devenir pur, qu'à le confesser et se soumettre...

En somme, Raskolnikov et toute une longue théorie de héros de Dostoïevsky, de Tolstoï, de Gorki, d'Artsybachev, expriment un désir immense de la vie russe : *réaliser l'homme complet, construire une personnalité forte et vraiment autonome.*

Mais la personnalité humaine se construit dans un effort continu, dans une lutte qui exige une tension suprême des énergies et des volontés, dans une lutte dont la nécessité seule harmonise la sensibilité, l'intellect, la volonté et les appétits... Or, il semble que, sous la pression inouïe du régime autocratique, la sève de vie a cessé de circuler dans le corps engourdi de la nation ; l'oppression lui ôta pour longtemps la faculté de créer la vie en ne lui laissant que celle de la détruire ou de l'imaginer (1)...

Le Russe, en effet, ne connaît pas encore la *lutte créatrice*, mais uniquement la *soumission* ou la *révolte*.

---

(1) En Pologne, au contraire, les conditions extérieures de la vie furent trop floues et trop faciles. La lutte manquait d'intensité et de relief. La vie se répandait en surface. D'où l'abondance de personnalités riches, complexes, vivantes, mais insuffisamment cristallisées. Ceci jusqu'aux partages, bien entendu.

XII

LE « MIR » COMPLÉMENT MORAL
DE L'AUTOCRATIE

UNE PHILOSOPHIE DE SOUMISSION, DOSTOÏEVSKY ET
LE TOLSTOÏSME. UNE FRONTIÈRE MORALE INFRAN-
CHISSABLE.

Faisons maintenant abstraction de toutes ces nuances psychologiques suggérées par l'analyse du mir. Deux traits essentiels résisteront pourtant à toute simplification : la tendance du « mirianine » (membre du mir), à une extension indéfinie de surface et sa prodigieuse capacité de soumission (scindée par des révoltes périodiques).

Encore, c'est cette faculté de soumission qui me paraît ici le plus profondément significative.

Façonné et pétri pendant plusieurs siècles d'oppression totale par le pouvoir quasi-transcendant de l'autocratie, l'homme russe se créa une sensibilité spéciale qui ne réagit point directement aux coups reçus, mais qui les amortit en se conformant à leur rude relief et leur contour pesant. De cette attitude est née, naturellement, une morale populaire de passivité et de soumission. Dostoïevsky, et surtout Tolstoï, à leur tour, l'ont élevée à la dignité d'une philosophie nationale.

Dieu est bon, l'univers est bon, la nature est bonne : l'homme seul est méchant, car il porte le germe du mal et il le répand partout en agissant. La vie individuelle est un mal, la vie sociale et politique est un mal ; toute activité supérieure est un mal.

Dans une lettre ouverte à Sienkiewicz, Tolstoï déclare littéralement : « ... les gouvernants empereurs, rois, ministres, généraux, même les membres influents des Parlements ne peuvent être que des personnalités descendues au degré le plus bas de l'échelle morale. Ces personnalités ne peuvent occuper leur poste qu'en raison seulement de leur décadence morale (1) ». En d'autres termes : le monde extérieur est plein de sagesse et de bonté ; le monde intérieur recèle le tourment, la méchanceté et le malheur. Le mal est en nous. Le mal, c'est nous, et il faut guérir le monde du mal. Donc, point de lutte, point d'effort : savoir subir, savoir souffrir, savoir se soumettre. C'est la passivité, l'esclavage et la paresse du

____

(1) *La Réponse de Tolstoï à Henryk Sienkiewicz*, datée de Yasnaïa Polana, le 27 décembre 1907.

paysan russe poussés jusqu'au sublime. — Tout le tolstoïsme est là. — Dans son « Histoire d'Ivan l'Imbécile (1) », Tolstoï raconte :

On vient informer Ivan :

« — Le tsar de Tarakansk vient guerroyer contre toi.

« — Soit, dit-il. Qu'il vienne.

« Le tsar de Tarakansk passa la frontière avec toute son armée et envoya son avant-garde à la découverte de l'armée Ivan.

« On cherche, on cherche, pas d'armée. On attend s'il n'en paraîtra point une à l'horizon. Il n'en est pas question. Impossible de se battre.

. . . .

« A la fin, cette besogne écœura les soldats. Ils refusèrent d'aller plus loin, et toute l'armée se dispersa. »

Sans doute Tolstoï voulait-il suggérer par ce conte que la soumission complète désarme finalement l'oppresseur. Elle rend inutile toute lutte et tout effort. Elle épuise en lui la volonté même d'opprimer et — qui sait — peut-être aussi toute volonté de vivre, c'est-à-dire de procréer le mal.

Si un incendie éclate dans un village russe, les habitants considèrent presque comme un sacrilège de défendre leur bien contre le fléau. Ils s'y soumettent et l'extinction du feu se produit naturellement... par l'épuisement du combustible.

---

(1) *Légendes pour l'imagerie populaire.*

Il est superflu d'insister sur l'analogie profonde entre l'attitude de ces paysans et la philosophie du grand écrivain moraliste. D'ailleurs, ce principe de la non-résistance au mal que Tolstoï a découvert — et avec quelle joie ! — dans l'Évangile (1), ce principe n'était point inconnu dans la littérature russe avant lui. Le génie lucide de Dostoïevsky l'a exprimé déjà avec moins d'éclat littéraire, il est vrai, mais avec plus de finesse psychologique.

« La soumission, dit-il, est une terrible puissance (2). » En prêtant ces paroles à l'un de ses personnages préférés, le prince Mychkine, Dostoïevsky voulait sans doute énoncer le même enseignement moral optimiste que son grand compatriote. N'y suggère-t-il pas cependant aussi une autre éventualité : le déchaînement surnaturel du mal qui consumerait toute existence morale, toute vie, et appellerait finalement de suprêmes et terribles vengeances (3) ?

____

(1) (Tolstoï, *Ma Religion* (*V tchiem moïa viera*). Genève, 1888, pp. 13 et les suiv. Nous n'avons pas besoin de rappeler que les grands romans de Tolstoï, grâce à sa puissante vitalité d'artiste, sont en dehors de cette philosophie primitive, qui fut pourtant la profession de foi de Tolstoï.

(2) *L'Idiot*, op. cit., p. 396.

(3) La littérature polonaise possède une vaste épopée mystique et historiosophique de Jules Slowacki (*le Roi-Esprit*, écrit vers le milieu du dix-neuvième siècle), où ce double thème : oppression-soumission, fut développé poétiquement avec une large puissance d'imagination et d'expression. Il est fort probable que Slowacki fut inspiré précisément par le spectacle historique de la Russie tsariste.

En contemplant la puissance politique de l'Empire des tsars (après 1830), Slowacki semble regretter qu'il eût

Le conte tolstoïen dont nous venons de citer les extraits et dont la touchante naïveté nous charme plus que ne saurait nous déplaire son étrange morale de passivité et d'abdication, ce conte fait penser naturellement (conformément à la loi des contrastes) au *Livre des Pèlerins* d'Adam Mickiewicz. Qu'il nous soit donc permis de citer ici une parabole du grand poète polonais qui, elle aussi, s'adresse aux multitudes, résume l'attitude d'un peuple et trace sa ligne de conduite à une nation.

« Or, il y avait en Italie un canton très fertile en huile et en riz, mais insalubre, car chaque été il y survenait une peste dont le nom est *malaria* et qui cause une fièvre mortelle.

« Alors, des hommes de ce pays, les uns brûlaient des parfums en y dépensant beaucoup d'argent, les autres construisaient des murs du côté de l'Occident d'où venait la peste, les autres s'enfuyaient pendant la saison insalubre; cependant tous moururent et le pays fut dépeuplé, et ses bosquets d'oliviers et ses champs de riz devinrent la demeure des porcs sauvages.

manqué aux fastes polonais un Ivan le Terrible, dompteur d'âmes et façonneur de l'unité et de la force nationale par la terreur. Slowacki ne fut pas, d'ailleurs, seul de son avis. Balzac exprime une opinion semblable : « Le jour où cette nation (la Pologne), uniquement composée de courages sanguins, aura le bon sens de chercher un Louis XI dans ses entrailles, d'en accepter la tyrannie et la dynastie, elle sera sauvée. » *La Cousine Bette*. Paris, Calmann-Lévy, édition du centenaire, p. 208.

« Et la malaria gagna un canton voisin, et les habitants commençaient encore à brûler des parfums et à s'enfuir jusqu'à ce qu'il s'y trouvât un sage qui leur dit :

« La peste se forme loin de vous, dans un ma-
« rais à cinquante kilomètres d'ici ; allez donc et
« desséchez ce marais ; et si vous mourez vous-
« mêmes du mauvais air, vos enfants resteront
« dans votre héritage et tout le canton vous bé-
« nira. »

« Mais ces hommes hésitèrent à aller si loin et craignirent la mort. Aussi moururent-ils bientôt dans leurs lits. La peste avança et elle envahit dix cantons semblables.

« Car quiconque ne quitte pas sa maison et ne va pas au-devant du mal pour l'extirper de la surface de la terre verra le mal venir le trouver lui-même et se dresser devant sa face. »

Quand on rapproche cette mâle glorification de l'initiative idéaliste et de l'énergie morale de l'ingénu et savoureux conte tolstoïen, on comprend sans difficulté que, là, quelque part au delà de Vilna, passe une frontière morale infranchissable, une borne entre l'Orient et l'Occident, entre l'Orient russe et l'Occident polonais. Nous verrons dans la suite de cette étude comment plus de dix siècles d'histoire ont travaillé pour l'établir et comment toute la passion nivellatrice et toute la volonté d'exterminer et d'unifier s'épuise ici en escaladant en vain ce rempart moral et civilisateur.

En analysant l'autocratie et le mir, ces deux facteurs historiques principaux de la vie russe —nous avons vu comment—se créèrent en Russie ces deux notions essentielles et connexes de la vie individuelle et collective : l'ordre, la liberté.

Malgré toute la richesse apparente, ou plutôt malgré cette attrayante anarchie intellectuelle qui scintille à la surface de la vie russe, les idées vivantes (1), les conceptions réelles d'ordre et de liberté peuvent être formulées d'une manière, somme toute, assez simple :

L'idée de liberté qui domine la conscience russe, c'est l'*extension* spaciale, surtout, en surface, ou encore, c'est la *négation* pure et simple (c'est-à-dire sans contenu positif) *de l'ordre* existant quel qu'il soit.

L'idée de l'ordre, c'est la *soumission* ou l'*extermination*. Par conséquent, l'idée de lutte légale et de toute transaction sociale ou politique est exclue, sinon considérée comme immorale (2).

Mais ce mode de comprendre, de sentir et de réaliser *la liberté par l'extension* est essentiellement le même chez un membre du mir que chez les vieux « rassembleurs de terres » auto-

---

(1) Par « idée vivante », nous entendons une sorte « d'idée-force » qui émane directement de la réalité historique et tend à se réaliser spontanément lorsque l'inertie est surmontée et les obstacles abolis.

(2) Cette double réponse est un reflet nécessaire du phénomène de dissociation qui — nous l'avons vu — traverse de haut en bas toute l'existence russe.

crates. (« Étends-toi et tu seras libre ! » tel était le cri des chefs et de la multitude.) D'autre part, la religion de soumission constitue une véritable *empreinte morale tracée* par le pesant régime autocratique sur la matière sociale du peuple russe. Cette soumission correspondait, en effet, au besoin essentiel du régime ; elle le rendait possible, elle le justifiait presque.

De ce chef, le mir, avec toute la « philosophie nationale » qu'il engendra, nous apparaît non pas comme une limite naturelle de l'autocratie, mais bien plutôt comme son *prolongement* moral et son *complément* nécessaire.

Ainsi, de quelque côté que l'on regarde, la réalité russe, le massif pesant de l'autocratie barre partout l'horizon.

Comment l'effacer, comment l'utiliser, comment le détruire ? Comment ouvrir un chemin et y dégager une libre vue sur l'avenir du peuple russe ?

Cette tâche s'accomplira-t-elle par un *nivellement progressif*, œuvre lente de l'effort continu des générations ?

Suffira-t-il, au contraire, d'une seule explosion de haines comprimées par des siècles de servitude (1) ?

___

(1) A cette dernière question nous répondrons : socialement et moralement parlant, non ; politiquement — peut-être — oui. Mais à condition qu'on souffle très adroitement sur le tison à demi éteint du libéralisme russe.

III

RUSSIE — POLOGNE

LES GRANDS CONTRASTES

Le problème Russie-Pologne, déjà géographiquement parlant, se présente, nous l'avons vu, comme un ensemble d'oppositions et de contrastes. Il en est de même de son aspect historique, moral, politique et civilisateur.

Et, tout d'abord, l'État polonais se forma non pas comme une œuvre de conquête ou de colonisation, mais comme une organisation de défense.

La Pologne fut, il est vrai, le terrain de multiples invasions : tatares, allemandes, russes, tchèques, hongroises, turques, cosaques, mais, jusqu'à la fin du dix-huitième siècle, il n'a jamais subi l'esclavage. La dure école du joug étranger, qui contribua tant à la formation du tempérament et de la tradition politiques russes, a fait complètement défaut à la nation polonaise.

C'est dans la Grande-Pologne, la Posnanie actuelle, que se forma vers le dixième siècle le centre conscient et organisé de la résistance polonaise contre le danger germain. Puis, ce centre de l'organisation d'État se transporte en Petite Pologne, à Cracovie ; enfin, il se fixe en Mazovie à Varsovie, mais la directive reste la même : *barrer au Germain le chemin à l'ouest et s'étendre vers l'est librement.*

Ici, de nouveau, les contrastes sont définitifs. Si l'État moscovite se sert de la méthode du nivellement de la société à l'intérieur et de « l'unification » exterminatrice à l'extérieur, la Pologne développe chez elle une classe nombreuse (de plus en plus nombreuse) qui réalise quasi complètement la liberté politique, la liberté religieuse et la suprématie sociale. A l'extérieur, au procédé russe de l'*unification* forcée, la Pologne oppose sa politique fédérative de l'Union, basée sur le principe que le traité de Horodlo (1413) formule ainsi : « Les libres avec les libres, les égaux avec les égaux. » Et pour réaliser cette politique de l'Union, elle se sert précisément de ses « libertés » qu'elle sème partout et qui attirent et fascinent ses voisins.

Enfin, pour terminer provisoirement cette énumération de contrastes, ajoutons encore que, ayant reçu le christianisme de Rome, les Polonais et les Tchèques, contrairement aux Russes, aux Bulgares et aux Serbes, se sont liés indissolublement et passionnément à la civilisation latine. De sorte qu'au sein même du monde slave, dès son entrée dans la vie historique, apparaît cette opposition profonde de deux noms : Rome et Byzance. Les siècles vont l'accentuer encore puissamment.

Bien entendu, pour définir le caractère dominant de la conception de la liberté et de l'ordre polonais, il nous faut parler brièvement des facteurs principaux de la tradition historique polonaise. Les nécessités de la politique extérieure, celle de l'Ouest et celle de l'Est, le développement du régime constitutionnel et de ses institutions fondamentales (la diète, l'élection, la levée en masse), le caractère du procédé de l'*Union*, enfin les causes et les suites morales du démembrement de l'*Etat* polonais ainsi que la résistance victorieuse de la *nation* polonaise, voilà les données essentielles de notre problème.

XIV

LA POLITIQUE DÉFENSIVE CONTRE LA POUSSÉE GERMANIQUE

Dès le début de son existence indépendante, la Pologne devient une marche de l'Occident, une marche qui, jusqu'au dix-septième siècle, s'agrandit et s'enfonce toujours plus loin dans les vastes plaines de l'Europe orientale (1).

Cependant la « solidarité » de la Pologne avec l'Europe occidentale est gravement compromise par une lutte ininterrompue et plus

(1) Le court exposé sur le « rôle historique de la Pologne » qui va suivre fut écrit en 1915 pour une conférence à l'École des Hautes-Études sociales et publié ensuite dans la revue *Polonia* (n° du 25 décembre 1915 et suivants). Il nous semble utile de rappeler au lecteur français les principaux faits et surtout les grandes lignes directrices et persistantes de la politique polonaise dans le passé, tant à l'extérieur qu'à l'intérieur. Ces lignes dessinent en quelque sorte le contour extérieur de la conception polonaise de la liberté et de son cadre nécessaire : l'ordre. Elles suggèrent en même temps les nécessités et les possibilités de la politique polonaise dans l'avenir.

intense, plus « immédiate », plus acharnée que ne l'étaient ses guerres contre les Russes ou les Ottomans. Cette lutte à la vie, à la mort, cette lutte sous des aspects différents, tantôt et le plus souvent les armes à la main, tantôt diplomatique, tantôt apparemment pacifique, mais non moins redoutable, la Pologne la soutenait sans trêve ni répit contre les Germains.

En réalité, les idées mêmes de la patrie polonaise et de l'unité se sont formées dans cette lutte interminable contre le voisin astucieux, hardi, tenace et rapace.

Le règne de Mieczyslas I⁰ʳ (dixième siècle) est précisément rempli de combats innombrables contres les margraves Odo et Wichman qui s'efforcent alors d'étendre leurs marches au delà de l'Oder (Odra). Contraint en 963 par l'empereur Othon Iᵉʳ à la prestation de foi et hommage, Mieczyslas s'émancipe bientôt et laisse à Boleslas le Vaillant une Pologne complètement indépendante. Quand l'empereur Othon III, en l'an 1000, visite Boleslas à Gniezno (Gnesen), les bases du puissant État slave sont posées. Mais les rapports pacifiques des deux voisins ne durent pas longtemps. En 1002, Othon III meurt et la guerre recommence.

La paix de Budziszyn en 1018 (entre Boleslas le Vaillant et Henri II duc de Bavière) est très avantageuse pour la Pologne (les frontières de la Pologne passèrent alors à Sale, au delà de l'Elbe) ; puis les échecs décisifs d'Henri V, empereur d'Allemagne, en 1109, enfin la conquête de la Poméranie par le roi Boleslas III, Bouche-Torse, entre 1109 et 1130 (1), ces faits jalonnent l'histoire de la lutte polono-allemande aux onzième et douzième siècles. En revanche, au siècle suivant, la fortune sourit aux Germains.

Depuis la mort de Boleslas III, la Pologne est divisée et affaiblie. Un de ses princes, Konrad de Mazovie, dans ses démêlés avec les habitants de Prusse, appelle à son aide l'Ordre Teutonique (2).

L'année de cet acte (1225) est une des plus néfastes de l'histoire polonaise. Car, avec ces Chevaliers de l'Ordre, s'installe au nord de la Pologne son ennemi le plus redoutable : un foyer du germanisme expansif et dévorant, une barrière entre l'État polonais et la mer, le futur royaume de Prusse en un mot. En même temps, à l'ouest, les Allemands du Brandebourg menacent sérieusement les terres polonaises.

Enfin, pour combler la mesure, après la courte invasion, mais terriblement dévasta-

(1) Il a conquis toute la Poméranie avec les villes Naklo, Sczzecin (Stettin) et l'île de Rugia (Rügen). La conquête par les armes fut suivie d'une propagande heureuse du christiamisme.

(2) Il ne faut pas confondre ces Prussiens d'autrefois avec les Prussiens d'aujourd'hui qui n'ont de commun que le nom. Car ce sont les envahisseurs allemands du pays, les exterminateurs de la race primitive, fondus avec les survivants de cette race, qui ont pris ses terres et son nom.

trice, des Tatars en 1240, les villes polonaises à moitié détruites et dépeuplées attirent les colons allemands. Ils arrivent en masse : une véritable invasion pacifique. Ainsi, au treizième siècle, Cracovie même est menacée sérieusement d'être germanisée. Il est vrai qu'à la fin de ce siècle tourmenté (1295-1296) le roi Przemyslaw reconquiert la Poméranie et Gdansk (Dantzig). Mais Przemyslaw est tué traîtreusement à l'instigation des Margraves de Brandebourg et la lutte recommence plus âpre. En 1308, les Chevaliers teutoniques reprennent Gdansk en massacrant 10.000 de ses habitants. L'année suivante, l'Ordre domine la Poméranie.

Cependant, le roi Ladislas le Bref, « ramasseur infatigable des terres polonaises », se bat pendant plus de dix ans contre l'Ordre et contre le Brandebourg avec une ténacité qui défie le sort. Enfin la fortune des armes, instable jusqu'ici se fixe de son côté. En 1331, une victoire décisive à Plowce coupe l'élan des chevaliers, pour peu de temps, il est vrai. Les tendances nettement pacifistes du roi Casimir le Grand (1333-1370) donnent aux Chevaliers teutoniques la facilité d'obtenir et de garder la Poméranie, d'ailleurs comme fief de la Pologne. Ce traité de Kalisz, conclu en 1343, avantageux somme toute pour l'Ordre, lui permet de se tourner avec une impétuosité menaçante contre la Lithuanie encore païenne. C'est précisément ce qui précipite le rapprochement polono-lithuanien et l'union des deux pays voisins. Le premier fruit mûr de cet acte est la grande victoire de Grunwald (1410).

Préparée par un effort politique et militaire long et réfléchi, elle marque un tournant décisif dans la lutte des deux camps slave et germain. La Pologne, qui représente le monde slave, tient à cette heure la balance de l'histoire. N'en ayant pas profité rapidement, elle permet aux Chevaliers de se ressaisir. La paix est bientôt rompue par eux. Mais, de nouveau battus, ils acceptent en 1435 la paix dite « perpétuelle » qui, toutefois, ne dura pas plus de dix-neuf ans. Cette fois, c'est la Prusse même qui se révolte contre ses maîtres sans scrupules.

En 1454, les villes prussiennes et les notables ruraux, attirés par les libertés polonaises, s'offrent de leur propre gré à la Pologne : effet indirect de la sage politique de l'Union.

Il s'ensuit une guerre terrible de douze ans ; la victoire définitive, cette fois encore, reste aux Polonais.

A cette époque, la prépondérance polonaise en Prusse arrive à son apogée. La Prusse est divisée. Sa partie occidentale ou la « Prusse royale » avec Gdansk (Dantzig), Torun (Thorn) et Marienbourg passe à la Pologne. La Prusse orientale ou « ducale » avec Królewiec (Königsberg) reste sous la domination de l'Ordre dont le grand-maître devient le vassal du roi de Pologne. La Prusse teutonique est cernée

alors de tous côtés par la puissance polonaise;
l'Ordre est menacé dans sa dernière enceinte.
L'heure devient extrêmement propice à la Pologne pour l'anéantir. Au surplus, après être
devenu protestant en 1525, le grand-maître
Albert Hohenzollern, devenu avec l'assenti-
ment du roi de Pologne « duc de Prusse », sa
principauté séculière perd la protection papale
et impériale.

Malgré cela, la Pologne, satisfaite par des
apparences de soumission, flattée peut-être par
l'éclat somptueux de la prestation de foi et
hommage (à Cracovie, 1525), la Pologne laisse
de nouveau échapper l'occasion. Elle ne se re-
présentera plus.

La Prusse, faible et isolée, saura attendre
son heure avec patience. Sa position géographique (un encerclement complet), très difficile
en face de la Pologne puissante, deviendra
avantageuse au moment où les forces polonaises baisseront. La Prusse essaie déjà d'en
profiter pendant la guerre de Sigismond III
(Waza) contre Gustave-Adolphe. Mais l'occasion vraiment favorable ne se présente pour
elle qu'au moment où la Pologne est assaillie
par diverses coalitions des Suédois, des
Russes, des Cosaques, des Tatars.

C'est donc en 1657, par le traité de Velava
et de Lauenbourg, que le Grand Electeur de
Brandebourg détient la Prusse ducale libérée
déjà de l'obligation pénible de prêter serment
aux rois de Pologne. A la fin du dix-septième

siècle, l'Électeur de Brandebourg et duc de Prusse devient « roi de Prusse » en même temps que chef véritable de l'Allemagne protestante. Ainsi, l'émancipation de la Prusse ducale et son union politique avec le Brandebourg accomplies, le nouvel État, quoique divisé géographiquement, devient un ennemi implacable, un *ennemi naturel* de la « République polonaise », l'ouvrier habile de son épuisement (pendant la guerre de Sept ans) et l'initiateur de ses partages (1).

Ce sont alors les provinces foncièrement, essentiellement polonaises, « le berceau de la Pologne » qui tombent sous la domination prussienne.

Dès lors, la lutte prusso-polonaise revêt un caractère nouveau, mais elle ne cesse point. Elle s'approfondit au contraire et se complique ; elle devient politique, économique, financière, civilisatrice et morale : on dirait deux corps au choc constamment répété desquels chacune de leurs molécules participe doublement : individuellement et collectivement.

(1) Cf. Konopczynski, *Polskaw dobie wojny siedmioletniej.*, Varsovie, 1911, t. II, ch. vi.

IX

LA POLITIQUE ORIENTALE DE LA POLOGNE

Si à l'ouest, et plus tard au nord-ouest, la Pologne est contrainte à une lutte *défensive*, intense et continue contre le germanisme envahissant, en même temps et de la même manière, c'est-à-dire aussi « naturellement », aussi fatalement, elle est une avant-garde de l'Occident en face de l'Orient. Pendant des siècles, elle progresse vers l'Est, bien que ce mouvement soit loin d'être le résultat d'un effort militaire nettement conquérant.

Pourtant, il est nécessaire de distinguer ici deux périodes. Le commencement de la première se perd complètement dans le passé (1).

(1) Le chroniqueur russe Nestor note que déjà en 981 le prince russe Wladimir est allé chez les Lechs (les Polonais) pour leur prendre les villes de la Ruthénie Rouge, qui se trouvaient alors en leur possession. En 1019, après l'entrée triomphale à Kiev, Boleslas le Vaillant reprend les villes perdues. Cf. Jablonowski, *Histoire de la Russie du Sud.* Cracovie, 1912.

C'est une *période de luttes* pour la possession de la Ruthénie Rouge (la partie orientale de la Galicie actuelle) qui se termine en 1340 sous le règne du dernier des Piasts (Casimir le Grand) par le rattachement définitif de cette province à la Pologne : les frontières de la Pologne passent au delà de la Ruthénie Rouge (une partie de la Wolhynie et de la Podolie inclus). Toute cette lutte longue et âpre exprimait chez les chefs polonais la volonté de réaliser à l'est une frontière favorable à la défense de l'État contre les Russes (de Kiev) et contre les invasions des Tatars.

Ce résultat acquis, commence alors la deuxième période de la politique polonaise à l'est : la politique civilisatrice de l'*Union*, dominée à l'extérieur par la rivalité polono-moscovite.

L'avènement au trône, en 1386, du premier des Jagellon (Ladislas) marque en effet une étape décisive. La Pologne et la Lithuanie désormais réunies sous un sceptre s'étendent alors bien au delà du Dniepr et de la Dvina. Kiew, Mohilev, Witebsk, Polotsk et même Smolensk passent à l'Etat polono-lithuanien. Pour ainsi dire saturée d'étendue, la Pologne s'adonne alors passionnément à l'œuvre pacifique et civilisatrice d'organisation et de colonisation des immenses contrées nouvellement acquises. Mais la *volonté d'organiser* et de coloniser se confond ici trop souvent avec *la nécessité de défendre*. Le grand-duché de Moscou, les Tatars et un peu plus tard les Turcs, voilà les principaux compétiteurs de la Pologne à l'est, le premier étant le plus tenace et le plus dangereux, bien entendu.

Vers cette époque (1380), en effet, les grands ducs de Moscou se libèrent peu à peu du joug terrible des Tatars pour recouvrer définitivement à la fin du quinzième siècle (règne d'Ivan III, 1462-1505) l'indépendance complète. Ils établissent (Ivan IV le Terrible, 1533-1584), nous l'avons vu, un Etat autocratique et nettement conquérant. Alors commence la rivalité directe de l'État polono-lithuanien et de la Russie moscovite. Presque deux siècles entiers remplis par des guerres — des guerres dépourvues, il est vrai, de cette intensité caractéristique de lutte polono-allemande — établissent une sorte d'équilibre des forces adverses. La Russie se recueille et « ramasse les terres ». Le grand-duc Ivan III, en 1471, détruit l'ancienne république du Grand Novgorod et, huit ans plus tard, celle de Pskov. La Pologne, occupée ailleurs, laisse faire. En revanche, la Courlande, voulant éviter la domination russe, s'offre spontanément, en 1561, à la Pologne, nouveau résultat indirect de la politique modérée polonaise, *de la politique de l'Union*.

A la fin du seizième siècle, la balance penche visiblement du côté de la Pologne. Les trois expéditions admirablement conduites par le roi Batory et le chancelier Jean Zamoyski marquent un succès décisif. Terminées en 1582 par la paix de Zapole, elles ouvrent devant la Pologne une perspective de victoire complète dans cette lutte de deux mondes slaves. Batory veut vaincre la Russie et l'associer ensuite à une œuvre commune : expulser les Turcs d'Europe.

Cependant le roi meurt en 1586 et bientôt toute cette volonté victorieuse s'épuise comme une vague venant mourir sur le sable ou plutôt se dissipe au cours de sept années (de 1605 à 1612) d'expéditions ininterrompues, pittoresques et aventureuses, pleines d'audace, d'ambitions folles, d'élan guerrier et de cette insouciance brillante que fait naître le succès.

On part d'abord (deux seigneurs polonais et leur suite) pour soutenir un prétendant au trône des tsars. L'expédition réussit. Démétrius et les Polonais sont maîtres de Moscou. Mais la situation se complique. Démétrius tué, l'autre, le faux Démétrius apparaît. Le peuple s'agite. Le désordre augmente. Bientôt cependant les Russes battus par l'hetman (chef des armées polonaises) Zólkiewski, offrent le trône au fils du roi de Pologne, Ladislas. Zólkiewski accepte. Mais le roi (Sigismond III, Waza) songe à conserver le trône pour lui-même. Les boïars russes s'y opposent. Les affaires s'embrouillent de nouveau... Bref, malgré tant d'efforts et d'héroïsme, malgré la victoire éclatante de Kluszyn (Clouchine), malgré la sagesse et la modération de l'hetman victorieux, tous ces succès restent vains et stériles.

La conception politique de Batory, soutenue bravement et sagement par Zólkiewski (la plus noble figure peut-être de la Pologne indépendante) — cette conception hardie, mais parfaitement réalisable — sombre ainsi, noyée dans des flots d'ambitions exagérées, d'idées politiques parasites et de velléités mal coordonnées ou contradictoires. Le triomphe est passager et le succès fictif (1).

Cependant, la prépondérance polonaise à l'Est subsiste encore assez longtemps : la paix de Polanovo, en 1634, est avantageuse. Mais, dès lors, le reflux commence. La Pologne garde, il est vrai, ses frontières presque intactes jusqu'aux partages, mais elle perd peu à peu son prestige politique. La paix d'Andruszev, en 1667, malgré les victoires polonaises de Lachowicze, de Cudnóv, de Glebokie est déjà presque défavorable, et celle de Grzymultowski, en 1686, pendant le règne de Jean Sobieski, marque le premier pas en arrière.

En effet, dès le premier quart du dix-septième siècle, les forces disponibles de la République et toute son ambition se portent de l'est au sud-est. Détournée habilement par la Maison d'Autriche, surtout, de son objet immédiat et de ses nécessités primordiales, la politique polonaise s'oriente ailleurs. C'est le danger turc qui la fascine et l'absorbe, per-

----

(1) Cf. la partie de la présente étude consacrée plus spécialement à la Russie et surtout p. 55.

mettant au génie guerrier chevaleresque et mystique de la Pologne de se former d'abord et puis de briller sur les champs de bataille de Chocim, de Cecora et de Vienne.

C'est, précisément, en combattant les Turcs (après les Tatars) presque depuis leur apparition menaçante en Europe (1) que la Pologne a conquis ce titre glorieux mais — politiquement parlant — un peu vain, de « rempart de la Chrétienté ».

Au dix-huitième siècle, la situation change du tout au tout. C'est la *politique russe d'immixtion* (dans les affaires polonaises bien entendu) qui triomphe radicalement sous le règne de Pierre le Grand, pour aboutir à la politique de destruction et d'absorption, c'est-à-dire à la *politique de partages de Catherine II.*

De son côté, la Pologne, confiante dans la *politique de bon voisinage*, dans la possibilité de régler une rivalité comme un simple différend : à l'amiable — c'est peut-être l'influence du procédé politique de l'Union — la Pologne néglige complètement le danger russe.

La lutte effective contre la Russie ne reprend qu'à l'heure de la menace suprême. Spontanément, avec autant d'héroïsme que d'insuffisance militaire, les confédérés de Bar s'y engagent corps et âme. Dès lors, cette lutte ne cessera plus. Tantôt sous forme de combat

---

(1) En 1444, Ladislas III Jagellon, roi de Pologne, tombe glorieusement sur le champ de bataille de Varna, après avoir été victorieux dans la guerre précédente.

ouvert, d'insurrection, de révolte ou de révolution, tantôt sous forme d'organisation de forces sociales polonaises, de boycottage ou d'opposition, cette lutte ardente se manifeste sans répit.

Bien entendu, nous n'avons pas la moindre prétention d'épuiser ici le sujet (la question des guerres polonaises en général). Nous passons donc sous silence les guerres innombrables que la Pologne soutenait contre les Tatars au moyen âge, puis contre les Turcs et les Cosaques, les Moldo-Valaques, les Hongrois et les Suédois. Ces guerres n'avaient pas, en somme, ce caractère d'une *nécessité historique inhérente à la situation géographique* même des terres polonaises. Elles nous apparaissent — s'il est permis de se servir ici d'une expression de Cournot — comme des phénomènes « adventices », tandis que la pression continuelle vers l'Est et surtout les luttes contre les Germains représentent des phénomènes « constitutionnels ». Il est vrai que les guerres contre les Tatars et contre les Turcs portent le même caractère « constitutionnel », mais ce caractère est de beaucoup moins décisif, moins impérieux.

Cet exposé bref, quoique nécessairement surchargé de noms et de dates, nous permet de comprendre les grandes lignes de la situation politique extérieure de la Pologne.

Placée entre le marteau germanique et l'immense enclume de l'Est, ayant de deux côtés ses frontières découvertes, la Pologne est forcée dès le début de son existence de devenir « héroïque » ou de succomber, c'est-à-dire d'être toujours prête au combat ou de disparaître en tant qu'État. L'histoire réalise d'ailleurs les deux alternatives, l'une après l'autre.

Du dixième au quinzième siècle, la Pologne se maintient victorieusement comme État indépendant à la surface de la vie européenne. Du quinzième siècle jusqu'à la moitié du dix-septième siècle, elle y est un facteur puissant (1).

(1) Elle servit donc pendant des siècles à maintenir l'équilibre des forces dans l'Europe centrale et occidentale. Dans cette perspective historique, la Pologne apparaît comme une alliée *naturelle* des autres nations menacées par le monde germanique sous ses aspects différents (l'Empire d'Allemagne, l'Ordre teutonique, la Maison d'Autriche, la Prusse) l'alliée naturelle de la France surtout. Richelieu. Colbert l'avaient compris. De même Louis XIV. Choiseul perçut moins nettement cette nécessité historique et laissa agir les forces inexorables. Napoléon Ier continua avec force la politique traditionnelle, mais l'hiver de 1812 l'empêcha de la réaliser complètement.

De son côté, la Pologne ne cessa d'être utile à la France, d'une manière directe ou indirecte. Les historiens français l'ont reconnu. « La Pologne nous sauvera six ans » (de 1789 à 1795), tel est le titre d'un chapitre du livre de Louis Madelin sur la Révolution. Dans cette affirmation, l'auteur ne diffère pas de son maître Albert Sorel. En effet, l'insurrection de Kosciuszko éclate en 1794, elle est victorieuse contre les Russes. Alors le gouvernement de Prusse fait retirer ses troupes (20.000) du Rhin. De même, les Autrichiens partent pour le front polonais. Et si l'histoire ne se répète pas d'une manière absolue, du moins les situations historiques s'enchaînent parallèlement. La révolution polonaise de 1830-1831 le prouve, la révolution qui empêcha l'armée de Nicolas Ier de marcher contre les Belges et contre Paris.

Enfin, au dix-huitième, tombée dans une quiétude insouciante, détournée de la politique inhérente à sa situation géographique et à sa structure intérieure, elle abandonne sa position internationale pour devenir, *précisément après l'effort victorieux vers le relèvement intérieur*, une proie facile de ses voisins coalisés.

Cette situation périlleuse, mais non désespérée, que la Pologne soutint d'ailleurs pendant de longs siècles avec succès, cette situation extérieure contribua, bien entendu, puissamment à la formation de la tradition nationale.

> L'angoisse est nécessaire aux races qui sont fortes
> Et pour grandir encor il leur faut le danger.
>
> (VERHAEREN.)

Ce danger de l'Ouest exige surtout une continuité d'efforts et de tension de la volonté collective. Il exige aussi une « économie de gestes » et une organisation efficace d'énergies. Il est à la fois politique, social, militaire, économique et civilisateur — et fut par conséquent pour la Pologne une véritable force éducatrice. C'est surtout en essayant de l'éviter — car on n'esquive pas impunément son destin — que la Pologne se mettait toujours dans une situation moralement difficile et politiquement fâcheuse.

Le danger de l'est fut d'un caractère bien différent. Discontinu, presque capricieux, apparemment irrationnel, il semblait apparenté à ces tempêtes véhémentes dont le déchainement est d'autant plus féroce que le calme paraissait plus complet et plus rassurant.

La différence capitale entré ces deux phénomènes vitaux, c'est que la lutte contre le Germain est à la fois une lutte contre l'État et contre la société elle-même, mobilisée tout entière pour combattre « l'ennemi redoutable de l'Est ». Par contre, la lutte contre la Russie ne fut le plus souvent qu'une guerre contre l'État — implacable et barbare il est vrai — mais mal soutenu ou point du tout par la société russe.

Le danger turc enfin, quoique bien moins intense et bien moins immédiat, s'apparenterait plutôt au précédent. Il est plus pittoresque, plus fastueux et surtout plus « idéaliste » et mystique.

La tradition polonaise embrasse et tend à synthétiser tous ces éléments du danger extérieur, éducateur de la volonté nationale. L'ensemble de ces dangers extérieurs que je nommerai *l'insécurité constitutionnelle des frontières*, présente un facteur important de toute la vie historique de la Pologne (1). Cette

(1) Il existe d'ailleurs, dans le passé de la Pologne, toute une série de rois, de politiques et d'hommes d'État qui incarnent les divers aspects de cette insécurité constitutionnelle de frontières. Citons quelques exemples. Mieczyslas Ier, Boleslas le Vaillant, Boleslas Bouche-Torse, Pierre Wlast, Ladislas le Bref, puis Ladislas Jagellon et surtout Casimir Jagellon, enfin Jean Laski et Jean Zamoyski, concentrent surtout leur attention du côté de la menace germanique. Par contre, Boleslas le Hardi, Casimir le Grand, Ladislas de Varna, puis les Tomicki et les Szydlowiecki, le roi Batory,

insécurité constitutionnelle, en effet, fut souvent la source des pires malheurs. Mais elle devenait aussi — quand la volonté et l'énergie nationales étaient adéquates au devoir historique — l'occasion du développement même de la puissance politique de l'État polonais (en lutte contre l'Ordre teutonique et celle de Batory contre Ivan le Terrible) et de la grandeur morale de la nation.

La liberté, l'indépendance nationale étant toujours menacées, il semblait que l'on voulût s'attacher plus passionnément encore à leur divin prestige. Et — quand les grands désastres surviendront — cette passion se transformera en une grande force morale de résistance et en un puissant levier d'énergie insurrectionnelle.

Sigismond III, l'hetman Zólkiewski, Ladislas IV et Sobieski pratiquent la politique de l'Est et du Sud-Est. Le roi Jean Sobieski personnifie surtout cette dernière, en dirigeant tous ses efforts contre les Turcs. Ajoutons encore qu'un Boleslas le Vaillant ou un Jean Zamoyski synthétisent plutôt les deux tendances, sachant subordonner des visées plus vastes à des nécessités plus urgentes.

XVI

LA POLITIQUE DE L'UNION

LA SIGNIFICATION DE L'UNION POLONO-LITHUANIENNE.
L'EXPANSION A L'EST.

S'il existe un phénomène « constitutionnel » qui lie intimement les deux domaines de la politique extérieure et du développement intérieur de l'État polonais — c'est celui de *l'Union*. D'un côté, elle complète le système de la politique extérieure polonaise ; d'autre part, l'influence de son idée directrice et de ses procédés sur la vie polonaise tout entière est vraiment incalculable.

En effet, le plus grand triomphe de la politique polonaise fut l'union polono-lithuanienne conçue et exécutée au quatorzième siècle par les hommes d'État de Cracovie. L'Union, en 1386, purement *dynastique* (fondée par le mariage de la reine de Pologne, Hedwige d'Anjou, avec le maître de la Lithuanie, le prince Jagellon) devient insensiblement de plus en plus étroite et finit par se transformer, en 1569, en une union *réelle*. Renouvelée et resserrée maintes fois en face du danger commun durant cette longue période, malgré des tentatives de rupture (sous le règne de Jean-Albert, 1492-1501, par exemple) elle subsiste toujours et s'affirme plus étroite encore à la Diète de quatre ans (1788-1792); elle résiste enfin *moralement* et *politiquement* à la perte de l'indépendance de l'Etat polonais.

Ainsi, de 1366 à 1569, sans pression ni oppression, s'accomplit ce rapprochement politique et social de deux pays, ce rapprochement profond et décisif qui servira alors de base à la puissance polonaise. De plus, l'Union exerce une forte influence sur l'orientation de la vie politique en Pologne. Sa conception pèse pour ainsi dire, sur tout le développement de l'idéal politique polonais et de la tradition nationale. Institution permanente qui exige un effort continu pour son maintien et son affermissement, elle est un élément essentiel de cette tradition. L'Union polono-lithuanienne rencontre toujours une foule d'ennemis, tant au dehors qu'à l'intérieur. Au dehors, ce furent l'Ordre teutonique, l'Empereur d'Allemagne, les grands-ducs et les tsars de Moscou, qui s'efforçaient de l'entraver, de l'affaiblir ou de la rompre. Au sein de la société lithuanienne, ne manquent pas non plus les éléments hostiles, sinon à l'union *dynastique*, du moins à l'Union *réelle*, qui menaçait certains intérêts particuliers des grands seigneurs lithuaniens.

Or, les hommes d'État polonais, les rois Jagel-lons aidant, ont su vaincre tous ces obstacles, sans employer la force armée. Et ils ont obtenu ce résultat grâce à une perception lucide des intérêts communs, grâce à la persuasion et à leur patience obstinée, grâce surtout à la supério-rité de la culture et de l'organisation polonaises. Mais leur argument décisif est constitué préci-sément par « les libertés » de la « szlachta » polonaise. C'est en octroyant aux nobles lithua-niens les libertés réalisées déjà en Pologne, que les Polonais ont conquis les cœurs et les *bonnes volontés* de leurs voisins de la Lithuanie et des provinces ruthènes.

Ainsi ce long effort, soutenu avec une sage persévérance et couronné d'un succès complet, oriente l'esprit polonais vers la conception d'une sorte de fédéralisme libre et fraternel, vers un ordre fondé sur la « grande amitié » des peuples civilisés. Il se crée alors dans l'esprit public une atmosphère spéciale où baigne, pour ainsi dire, chaque action politique, chaque conception nou-velle de la politique extérieure et intérieure. Nul n'a mieux senti ni exprimé cette attitude morale de la nation que le sage Kochanowski (1530-1584), le plus grand poète de la Pologne indépendante dans son poème : *Le Fanion ou la Prestation de l'hommage prussien.*

> Et qu'on ne cèle plus l'Union dans les bahuts,
> Mais qu'on la tienne en nos cœurs enfermée
> Où nulle mite n'y touchera, ni moisissure,

Ni années très nombreuses ne vieilliront
Mais, déposée par le père dans la main du fils,
Elle demeurera entière emmi les années sans fin,

Kochanowski a d'ailleurs aussi une pleine conscience du rôle et de l'efficacité politique de l'Union quand il fait allusion à la victoire de Grunwald :

[Lithuanie
L'Allemagne avait assez de force contre la Pologne et la
Tant que ces deux nations se combattaient. [des Germains.
Mais dès qu'elles se furent réunies, elles purent se moquer
. . . .
Car contre la violence, il n'est rien que la force (1)... »

Mais ce sentiment, qui remplit la noble évocation de Kochanowski, n'appartient pas seul au poète. En effet, la même élévation morale avec, au surplus, un accent de joie mystique et de gravité religieuse se retrouve dans l'acte même de l'Union de Horodlo, conclue le 2 octobre 1413, et dont nous citons quelques extraits, en respectant leur orthographe médiévale :

Quia constat nullum salutis recipere conpendia, nisi misterio (*sic*) fulciatur caritatis, quae non agit perperam, sed fulgens propria bonitate, discordes conciliat, unit rixantes, mutat odia, rancores amputat et cunctis pacis prestat alimentum...
Per hanc leges conduntur, regna reguntur, urbes ordinantur, et status reipublice optimo fine perficitur...
Proinde nos Prelati, Barones, Nobiles et Proceres Regni Poloniae universaliter universi, et singulariter singuli, significamus...

(1) *Le Fanion.*

Quomodo, ut sub umbra alarum caritatis quiescamus, et
ubi manet, devotis desideriis aspiremus; domos genealo-
gias, stirpes nostras, armaque et clenodia nostra cum
Nobilibus Boyaris Terrarum Lithuaniae... coniunximus,
univimus... in vim vere caritatis et fraterne unionis(1)...

En lisant ce serment ingénu, grave et touchant à la fois, ne sent-on pas frissonner
comme un souffle lointain, annonciateur de
temps nouveaux? Et cette *union* des deux
peuples n'apparaît elle pas, en vérité, comme
une *communion* dans l'égalité, dans l'amitié et
dans la liberté? D'ailleurs, et il faut y insister,
cet acte n'est point un *accident historique*, un
phénomène isolé et dépourvu d'une signification plus générale. Bien au contraire, il fut pré-
cédé et suivi de toute une série de faits analogues. A l'époque du « rassemblement des
terres », les provinces qui rentraient dans l'unité
nationale conservaient intactes leur individua-
lité politique et juridique, ainsi que leurs cou-
tumes et leurs institutions. Point de *nivellement*,
donc point *d'unification* à la moscovite; par
contre, un profond, je dirai même un superstitieux respect de la personnalité politique et
morale, tel est le principe fondamental de
l'Union. Et ce principe est d'ailleurs observé
aussi scrupuleusement par la Pologne dans
ses rapports avec ses vassaux : la Prusse ducale ou la Courlande.

(1) L. RZYSZCZEWSKI et A. MUCZKOWSKI, *Codex diplomaticus
Poloniæ*. Varsoviæ, 1847, 162, pp. 286-287.

C'est pourquoi, subissant le prestige politique et moral de la grande Union polono-lithuanienne, et attirée surtout par le charme fascinateur des « libertés » polonaises, la Prusse royale s'offre (en 1454), librement à la Pologne. En 1561, la Livonie l'imite pour échapper à la domination moscovite, et des tendances analogues, qui cependant n'ont pas abouti, se manifestent en Bohême et en Hongrie.

A l'œuvre de la grande Union polono-lithuanienne, tout enveloppée d'un idéalisme chrétien et humanitaire élevé, ne manquait pourtant pas un sentiment réaliste très net et un esprit pratique perspicace. L'Union polono-lithuanienne vue dans la perspective historique était non seulement une *alliance perpétuelle* dirigée contre le germanisme, mais aussi, il faut le reconnaître, *une manière de poussée polonaise vers l'Est*, un mode de pénétration pacifique dans les grandes plaines orientales.

Ses initiateurs possédaient-ils un sentiment ou même un pressentiment de cet aspect de leur œuvre ?... En tout cas, guidés soit par leur instinct, soit par un simple calcul politique immédiat (la défense commune contre un danger commun), ils ont fondé une *institution vivante* et durable, une réalité historique et morale de première importance (1).

----

(1) L'Histoire moderne connaît d'autres « Unions », celle de Colmar, par exemple, entre le Danemark, la Suède et la

En effet, au moment où l'Union est fondée, les deux parties sont dans des situations très différentes. D'un côté, le Grand-Duché de Lithuanie, pays très vaste (625.000 km²), l'œuvre d'une conquête rapide principalement sur les Tatars ; il présente une diversité d'éléments ethniques, dominés par une minorité entreprenante ambitieuse, bien organisée, obéissant à un chef absolu, mais encore païenne et d'un niveau civilisateur inférieur même à celui des autres populations de ces immenses étendues.

D'autre part, une Pologne sortant du moyen âge, pénétrée d'esprit chrétien, vivace et expansif, pays relativement très prospère (après le règne pacifique de Casimir le Grand), relativement populeux et presque homogène au point de vue ethnique, avec ses villes déjà riches, émergeant rapidement de la marée des colons germaniques; c'est un État à l'aube du régime constitutionnel, plein de sève, bien régi, ayant déjà son Université (à Cracovie depuis 1364) et tout un édifice scolaire.

Le sens intérieur et civilisateur de l'Union se dégage seul du simple énoncé de ces conditions des deux États voisins.

En s'unissant à la Lithuanie, la Pologne de-

Norvège (1397-1520), ou celle d'Aragon et de Castille (en 1469), ou encore l'union anglo-écossaise (1603-1707), ou enfin l'union réelle de la Suède et de la Norvège, fondée en 1815 et rompue en 1905. Aucune, cependant, ne possédait la plénitude morale et la vitalité intérieure, ni cette envergure historique, politique et juridique de l'Union polono-lithuanienne.

vient la protectrice des vastes terres de
l'Ukraine, de la Volhynie, de la Podolie, de la
Ruthenie Noire et de la Ruthenie Blanche. En en-
trant en possession de ces provinces arrachées,
vers 1320, à la domination des Tatars (et non
des Russes à proprement parler), la Pologne
ne songe plus à élargir ses frontières. Elle se
borne à les défendre, à repeupler, à organiser,
à exploiter aussi ces territoires nouvellement
acquis, à y apporter enfin les éléments de la
civilisation occidentale, le christianisme romain
aux païens (aux Lithuaniens eux-mêmes) et à
tous, le droit, le goût des lettres, le goût du
luxe et surtout le goût de cette chose précieuse,
réservée, il est vrai, aux masses, d'ailleurs de
plus en plus nombreuses, de « la szlachta » :
la liberté.

Pendant près de quatre siècles, la Pologne
déverse sur ces terres toute une foule de colons : nobles, paysans et roturiers. Les uns se
battent, les autres travaillent; ou plutôt, tous
se battent et tous travaillent (1). Bientôt alors,
sous la protection et sous l'impulsion polonaises, la population grandit, la richesse augmente et, dans ces terres, jadis incultes ou dé-
vastées, les villages, les petites villes naissent
par centaines.

Ce travail civilisateur spontané, plein d'élan

____

(1) Ils sont obligés de se battre contre les Tatars, les
Turcs et puis — quand Moscou se dégage du joug tatare —
contre les Russes de la Moscovie et les Cosaques qui hési-
tent entre deux camps : le moscovite et le polonais.

et de défaillances d'ailleurs inévitables conduit par une sorte *d'inspiration politique d'une nation grandissante*, est peut-être une des meilleurs preuves de la vitalité sociale et civilisatrice de la Pologne.

Il fut la base d'une puissance morale et matérielle beaucoup plus durable que la conquête elle-même. En effet, malgré la destruction de l'État polonais, malgré les désastres politiques et les dures lois d'exception, l'élément polonais a gardé jusqu'aujourd'hui dans ces provinces sa place d'honneur (1) et ce fier privilège d'être à la fois opprimé, estimé et redouté par ses ennemis implacables (2).

Il est manifeste que cette politique cinq fois séculaire de l'Union est devenue un facteur primordial de la tradition historique polonaïse. Elle a laissé une empreinte décisive sur l'esprit politique polonais, sur toute la vie polonaise, jusqu'au caractère national lui-même. Son aspect éducateur le plus frappant c'est, nous

______

(1) M. Paul Boyer, en parlant de la politique russe dans ces provinces, caractérise en ces termes la situation des Polonais avant la guerre : « ... Bien que partout en minorité numérique, ils doivent à leur richesse, richesse foncière surtout, à leur esprit d'entreprise, à leur supériorité d'éducation et de culture, une influence sociale prépondérante. » La Russie et les Nationalités, extrait de la *Revue de synthèse historique*, 1912, p. 8.

(2) C'est du moins le président du Conseil des ministres russe, Stolypine, qui l'a avoué en 1910 à la Douma en défendant son projet de loi des « zemstvos.» (une sorte d'autonomie rurale) pour les gouvernements du Sud-Ouest, loi dirigée contre les Polonais surtout.

l'avons dit, le respect presque superstitieux de la personnalité individuelle et collective, le *respect de la liberté d'autrui*.

En même temps, l'habitude de « pratiquer» l'Union a développé chez les Polonais — peut-être avec excès — l'esprit de noble compromis et de généreuse transaction. Il paraît qu'en Pologne on a admis de bonne heure qu'en politique souvent les deux partis opposés ont en quelque sorte *également* raison, comme la mer et le rocher « ont également raison », l'une d'attaquer, de s'infiltrer et de se répandre en écumes grésillantes de passion, l'autre d'opposer à toutes les fureurs de l'eau sa vigilante obstination de durer. Les Polonais ont compris alors que la tâche d'un homme d'État, de même que celle d'un marin, ne consiste ni à vider la mer, ni à détruire le rocher, mais uniquement à bien conduire le navire de la patrie. Ils ont encore admis que le but politique peut être plus facilement atteint par *l'apaisement* et même par la *satisfaction* légitime de l'adversaire qu'en suivant une méthode *d'extermination* ou de *contrainte absolue*.

Ainsi la politique de l'Union a contribué à répandre et à fortifier en Pologne cet optimisme en apparence inexplicable et cette confiance obstinée dans « la grande amitié des peuples » ; car, des deux aspects de l'existence collective, le Polonais semble mieux concevoir celui de la *solidarité* que celui de la *lutte* et de la *concurrence vitale*.

Il faut convenir que la généralisation trop large et trop prompte de ces procédés, que toute cette politique de conciliation enfin — contribuèrent maintes fois à de graves fautes politiques. Rappelons seulement cette magnanime faiblesse du roi Sigismond le Vieux envers la Prusse au seizième siècle. Dans des circonstances bien plus graves, la même tactique s'affirme, au dix-septième siècle, envers l'envahisseur suédois et surtout, au dix-huitième siècle, envers la Russie. C'est qu'en effet la politique polonaise semble n'établir vraiment aucune distinction entre l'*adversaire* et *l'ennemi*. Avec le premier, tout compromis est possible et même recommandable ; avec le second, il n'y a que la loi de lutte, de la lutte franche et juste, qui doive régler la conduite et définir les rapports.

Donc, si les succès moraux et matériels de la politique de l'Union sont très grands, ils n'en comportent pas moins des périls inquiétants. Le danger est la rançon du triomphe. Nous venons d'en signaler plusieurs cas dans la politique extérieure. Mais, à l'intérieur même de la vie nationale, la politique de l'Union, toute salutaire et digne d'admiration qu'elle fût, n'en présentait pas moins certains inconvénients fâcheux.

En effet, c'est le « charme des libertés polonaises » qui permit de mener à bien l'œuvre de l'Union polono-lithuanienne. Il s'ensuivit une tendance naturelle à élargir toujours da-

vantage ces libertés séductrices : à les élargir
d'abord, puis à les exagérer, les enfler démesurément. Et comme les nouvelles provinces
n'étaient pas acquises par la force, il manquait
au pouvoir central une autorité suffisante pour
réprimer les excès. En même temps, l'esprit
de l'Union filtrait en quelque sorte dans la
conception même de la structure politique.
Certes, s'il n'en a été ni la cause ni la condition
unique, il a contribué puissamment à la décentralisation prématurée et en tout cas fort excessive de l'État et de son organe central : la
diète.

XVII

LE RÉGIME POLONAIS

LE PARLEMENTARISME DE LA « SZLACHTA », SES ORIGINES ET SON DÉVELOPPEMENT : LA DIÈTE GÉNÉRALE

Passons maintenant au laboratoire même de la tradition historique polonaise, dans la vie politique si riche et si intense de l'Etat polonais.

En effet, grâce à un concours de circonstances favorables, la vie politique s'épanouit en Pologne si promptement et, disons le mot, si *précocement*, qu'elle est obligée de lutter dès le seizième siècle contre toutes les difficultés, tous les abus et tous les dangers du régime parlementaire moderne et de trouver aux problèmes qu'il pose des solutions parfois heureuses, parfois paradoxales et même néfastes.

Si la Russie n'existe historiquement que par son absolutisme autocratique quasi-millénaire, si la France et les États européens (sans en exclure l'Angleterre et la Hongrie) ont tous traversé une période plus ou moins longue de régime absolu, organisateur d'un ordre rationnel et d'une force d'Etat, la Pologne, seule, brûlant les étapes, au sortir même du moyen âge, se jette éperdûment dans le somptueux tumulte du régime parlementaire et constitutionnel. Elle réalise ainsi, avec une continuité vraiment surprenante, une expérience historique à la fois dangereusement précoce et éducatrice de l'avenir.

C'est la situation géographique de la Pologne qui fut la cause ou plutôt la *condition* primordiale du développement de sa structure politique et sociale.

Le trait essentiel de cette structure est l'émancipation précoce, plus tard la prépondérance, enfin la suprématie écrasante de la « szlachta » (chlachta). L'insécurité des frontières a forcé les fondateurs de l'État polonais, ces princes — grands batailleurs du dixième au douzième siècle — à posséder une force militaire considérable toujours prête à bondir contre l'ennemi de l'Ouest ou de l'Est. Mais, au cours des douzième et treizième siècles, pendant la période dite « des provinces », l'entretien de cette force militaire pèse trop aux princes appauvris. Ils s'en débarrassent alors peu à peu. Propriétaires héréditaires des terres, ils les distribuent aux guerriers, non comme fiefs mais plutôt en tant qu'alleux, les bénéficiaires devenant les propriétaires réels avec le seul devoir de se présenter, armés, à l'appel de leur chef.

Cependant, aux douzième et treizième siècles, cette classe nombreuse ne possède encore ni la conscience de sa force, ni une ambition suffisante pour jouer un rôle politique. Par contre, ce sont les grands seigneurs et les dignitaires de l'Église qui profitent habilement de l'affaiblissement de l'autorité des chefs d'Etat (1).

A la fin du douzième siècle, une nouvelle force politique apparaît. Ce sont les villes qui, pendant près de deux siècles, vont contrebalancer heureusement l'influence des grands seigneurs et de l'Église.

Ainsi, la structure politique de la Pologne au moyen âge jusqu'à la seconde moitié du quatorzième siècle est caractérisée par une autonomie grandissante des seigneurs, du clergé et des villes et par un équilibre de ces classes sociales sous la domination, absolue de nom, mais limitée en fait, du chef de l'État (2).

Pendant cette période, les paysans sont à peu près libres et la noblesse (la petite et la moyenne noblesse ou la « szlachta ») est, poli-

---

(1) Depuis le « Synode » de Lenczyca convoqué par Casimir le Juste en 1180, s'établit l'usage des *colloquia* qui limitent *en fait* le pouvoir nominalement absolu des chefs d'État. Ce *colloquium*, qui correspond en quelque sorte au *Grand Conseil* anglais, devient peu à peu une institution très influente et se transforme plus tard en *Sénat*.

(2) Cf. O. Balzer, *Histoire du Régime de la Pologne*. Cracovie, 1905, pp. 9-22. Voir aussi Kutrzeba, *Histoire du Régime de la Pologne*. Léopol, 1912, p. 72 et suiv.

tiquement parlant, absente. Cependant, au cours du quatorzième siècle, elle prend peu à peu conscience de sa force et de sa destinée.

Convoquée en 1374 à Koszyce (Cochytse) par Louis de Hongrie (roi de Pologne) pour décider (avec les grands seigneurs et le haut clergé), la question de la succession au trône, à partir de ce moment la noblesse entre dans la vie politique du pays. Dès lors, commence sa marche victorieuse vers le pouvoir.

Grâce au nombre, à sa conscience d'être indispensable pour la défense de l'État, grâce à un affaiblissement des villes et plus tard du clergé (par la Réforme) grâce aussi à des capacités indiscutables, bénéficiant enfin de la rivalité politique des rois et des grands seigneurs, elle obtient vers la fin du seizième siècle la place prépondérante dans la vie de la nation.

Les grandes étapes de ce mouvement ascendant sont marquées par des « privilèges » obtenus des rois, d'abord plutôt aux dépens des grands seigneurs et du haut clergé, puis aux dépens des villes et des paysans, et toujours, cela va sans dire, au détriment du pouvoir central de l'État.

Les premiers privilèges établissent une sorte d'équilibre nouveau des forces politiques.

Les seconds rompent manifestement cet équilibre au profit économique de « la szlachta ».

Les premiers constituent en somme un véritable progrès vers le régime démocratique car, n'affaiblissant pas la puissance de l'État, ils étendent « les libertés », c'est-à-dire les droits politiques, à un nombre considérable de citoyens (1).

Par contre, les autres, ceux qui empiètent sur les droits des villes et des paysans, sont prélevés au détriment de la nation.

Toute cette évolution politique est d'ailleurs lente et nécessairement complexe.

Le point de départ de ce mouvement est, nous l'avons dit, la Convention (dite « le Pacte ») de Koszyce en 1374 où s'établit l'usage de convoquer la noblesse en diètes provinciales pour y délibérer sur les affaires de l'Etat. En effet, la Convention de Koszyce qui présente une réelle analogie avec la *Magna Charta libertatum* (2) fut suivie de toute une série de diètes provinciales convoquées pour voter des impôts.

Un demi-siècle plus tard, par les privilèges de Czerwinsk (en 1422) et de Jedlno (en 1430)

(1) A l'époque des partages, le nombre de nobles jouissant de tous les droits politiques atteignait 9 p. 100 du chiffre global de la population. Cf. T. KORZON, *Histoire intérieure de la Pologne sous Stanislas-Auguste.* Cracovie, 1882, I, 161.

(2) Cette analogie consiste en ce que les deux actes introduisent également la nécessité du consentement (*consensus*) des représentants de la société des contribuables pour statuer sur les matières fiscales. Cf. A. PAWINSKI, *Sejmiki Ziemskie.* Varsovie, 1895, p. 13. — Les autres savants voient plutôt cette analogie dans les statuts de Nieszawa de l'année 1454. V. HUBE, *les Statuts de Nieszawa*, pp. 32-33 ; *in* REMBOWSKI, *Konfederacja i Rokosz.* Varsovie, 1893, p. 152.

la noblesse obtient la garantie légale de la propriété et de la liberté personnelle (*Neminem captivabimus nisi jure victum*), ce *Habeas corpus* polonais.

En 1454, le roi Casimir Jagellon octroie à la noblesse « les statuts de Nieszawa » qui renferment tous les privilèges anciens et sanctionnent définitivement la participation de « la szlachta » au pouvoir législatif.

Bientôt ce pouvoir se stabilise et s'organise. C'est la *diète générale* (*sejm walny*) qui devient son organe.

La diète générale est composée des trois « États » ou « ordres » : le roi, le Sénat et la Chambre des nonces. Les représentants des villes y participent plutôt nominalement (1).

Pendant un siècle environ, la diète générale englobera, pour ainsi dire, les aspirations des diètes provinciales et des diétines, en assurant ainsi l'unité de l'État et sa force.

On n'est pas d'accord quant à la date exacte de la formation définitive de la diète géné-

___

(1) En réalité, le *Sénat* se composait de deux « États » : les dignitaires laïques et le haut clergé. De même la *Chambre des nonces*, en dehors de la majorité écrasante des représentants de la noblesse, comprenait aussi les représentants des principales villes. Cependant, leur nombre étant très restreint et leur influence nulle, ils se désintéressent peu à peu des débats, bien qu'aucun acte spécial ne les ait jamais dépouillés du privilège d'y assister. Par contre, les villes s'attachent obstinément au privilège qui leur permettait de participer plus tard aux élections des rois et aux confédérations. Cf. A. Rembowski, *Konfederacja i Rokosz*, pp. 161 et 172-175.

rale (1). Cela prouve que cette forme originale de la vie politique polonaise se développe lentement, insensiblement au cours du quinzième siècle. Elle devient l'institution souveraine de l'État à la fin du quinzième siècle et se maintient dans ce rôle jusqu'à la fin du siècle suivant. Dès lors, commence l'affaiblissement graduel du pouvoir de la diète générale. Ce processus dure jusqu'à la moitié du dix-septième siècle où le prestige de la diète générale tombe très bas.

Ce sont alors les *diétines des provinces* ou des districts qui héritent et se partagent son pouvoir central.

Cette décentralisation exagérée, funeste aux intérêts vitaux de la nation, s'arrête peu à peu vers la moitié du dix-huitième siècle.

*   *

Cependant, aussitôt la diète générale constituée, la noblesse reçoit du roi Jean-Albert en 1496 de nouveaux privilèges par le Statut de Piotrków. Cette fois, elle les obtient au détriment des villes et des paysans.

Bientôt, en 1505, la diète générale de Radom

(1) Pawinski considère la diète de 1493 comme « la première diète générale » (V. SEJMIKI ZIEMSKIE, *op. cit.*, p. 215), tandis que Hube voit le commencement de la représentation complète des États dans l'assemblée de Nieszawa en 1454, Bentkowski, dans celle de 1468, enfin Bobrzynski désigne la date 1496 comme celle de la première diète générale *définitivement organisée.*

résume et affermit toutes les acquisitions précédentes de la noblesse. Le roi Alexandre (1501-1506) accepte et approuve cette formule décisive : *Nihil novi sine communi consensu*, c'est-à-dire, aucune loi nouvelle sans le consentement du Sénat et de la Chambre des nonces réunis (1).

Ainsi, au cours du quinzième siècle s'établit et s'affermit peu à peu en Pologne le régime représentatif où « la szlachta », une sorte de « démocratie nobiliaire », joue le rôle prépondérant.

Au seizième siècle, la noblesse poursuit activement la même politique de « conquêtes ». Elle s'oppose à l'établissement d'une armée régulière et défend vigoureusement l'usage de la levée en masse. Elle réduit de plus en plus l'influence des grands seigneurs (pour un certain temps du moins) et surtout celle des villes. En se mêlant passionnément aux fastes de la Réforme, elle lutte contre la juridiction épiscopale et, à la diète de Piotrków, en 1562-1563, elle obtient gain de cause.

En même temps, elle s'efforce de limiter et d'entraver le pouvoir royal.

L'élection *viritim*, établie réellement en 1573,

____

(1) Le caractère un peu ambigu de cette motion permettra plus tard de l'envisager comme exigeant pour chaque vote l'unanimité des voix, et cette interprétation erronée servira d'argument, ou plutôt de prétexte, lors de l'établissement du *liberum veto*.

facilite encore considérablement cette tâche (1). Ainsi l'édifice des « libertés » de la noblesse est achevé.

La force armée, l'élection des rois, la faculté précieuse de voter les impôts, le pouvoir judiciaire (2), tout se trouve réuni en ses mains. La liberté personnelle et la liberté de conscience (garantie solennellement en 1573) restent acquises. La concurrence des villes étant entièrement écartée et le paysan soumis et exploité, la position économique de la noblesse devient pour ainsi dire inattaquable.

Enfin, la diète générale, cet organe souverain du pouvoir législatif est de plus en plus dominée par « la szlachta ».

C'est ainsi que ce régime, organisé presque spontanément par une lente évolution intérieure, crée peu à peu *l'unité de la Pologne*.

En effet, si l'unité de la France fut fondée sur « la soumission des seigneurs par le roi (3) », si celle de l'Angleterre sortit de « l'effort combiné du peuple et des seigneurs contre

---

(1) L'élection *viritim* est une nouvelle confirmation et une expression complète de la souveraineté de la nation. Malgré un *modus procedendi* différent, l'élection polonaise présente une réelle analogie avec l'élection du président des États-Unis d'Amérique et avec le plébiscite (referendum) suisse.

(2) En 1578, le roi Étienne Batory abandonne le reste de son pouvoir judiciaire. Désormais, la noblesse a le droit d'élire non seulement les juges ordinaires, mais aussi les membres du tribunal supérieur.

(3) WOODROW WILSON, *l'État*. Paris, Giard et E. Brière, 1902, n. 323.

le trône (1) », si la Russie s'unifia, extérieure-
ment du moins, par la pression exterminatrice
de l'autocratie, l'unité polonaise fut le résultat
de la suprématie décisive de la noblesse, c'est-
à-dire, du régime « des libertés » nobiliaires,
considérées comme une vraie *res publica* et
res sacra : le bien suprême de tous.

(1) Woodrow Wilson, *Ibid.*, N° 1411.

XVIII

LA CRISE INTÉRIEURE

DÉVIATION DU RÉGIME POLONAIS : « LIBERUM VETO »
ET « CONFÉDÉRATION »

Grâce à un sentiment très vivace de la communauté d'intérêts et de la fraternité qui en résulte, la noblesse polonaise avait acquis, au courant du seizième siècle, une réelle supériorité non seulement sur ses compétiteurs de l'intérieur, mais aussi sur les ennemis du dehors. Les qualités morales compensent parfois les lacunes d'organisation et les défauts matériels. La foi profonde dans la supériorité de la liberté polonaise a stimulé l'élan des vainqueurs de Kłuszyn, de Chocim, de Kirchholm et de Vienne. Mais ainsi l'héroïsme d'un Zólkiewski ou d'un Sobieski, en défendant la liberté nationale (l'indépendance), défendait en même temps tous les défauts du régime « des libertés ». Le danger refoulé à la frontière, au prix des plus héroïques sacrifices, réapparaît à l'intérieur même de la patrie.

Le régime « des libertés », ne rencontrant un contrepoids suffisant ni dans la situation extérieure (au XVIIe siècle), ni dans la rivalité des autres éléments de la société à l'intérieur, s'épanouit jusqu'aux dernières limites du possible, jusqu'au paradoxe. C'est en lui-même qu'il trouve enfin sa propre négation et la cause de sa propre dissolution.

Les grands seigneurs polonais et les puissances voisines, ennemies de la Pologne, s'efforcent pourtant de profiter de ce développement illimité et paradoxal que rien ne troublait. Loin d'entraver l'exubérance de cet épanouissement « libertaire », ils greffent leurs propres volontés sur l'arbre somptueux des « libertés » nobiliaires. Ces grands seigneurs manient habilement l'arme des libertés pour faire triompher leurs intérêts particuliers, et les étrangers — la Prusse et la Russie — se serviront des défauts du régime pour maintenir la stagnation, pour paralyser la volonté nationale, pour entraver tout effort libérateur. Désormais, ils guettent l'occasion pour tomber sur leur proie fascinée.

Vers la moitié du dix-septième siècle commence déjà cette *déviation du régime polonais*, déformation lente de l'idéal même de la liberté. La grande crise intérieure approche. L'origine et la cause essentielle de cette crise, c'est *l'épuisement des facultés créatrices* (dans

l'ordre politique bien entendu) *de la noblesse :
impossibilité d'action et de progrès après la victoire trop complète.*

La décentralisation excessive de l'Etat, l'abaissement profond du prestige de la diète générale, l'inanition du pouvoir législatif et l'anémie du pouvoir exécutif, enfin la *dispersion individualiste de la société*, voilà les traits principaux de cette crise, dont les deux symptômes « constitutionnels » furent le *liberum veto* et les *confédérations.*

Nous avons vu que l'évolution normale et féconde du régime politique en Pologne aboutit, au quinzième siècle, à la formation de la *diète générale*, organe souverain de la volonté nationale. Cependant, la *diète générale*, par sa structure même — les trois « ordres » obligés d'être d'accord — réfrénait ou, du moins, gênait les aspirations excessives de la noblesse. Or, celle-ci ne s'arrête point devant cet obstacle. Elle ne le renverse pas, il est vrai ; elle ne songe même pas à supprimer la diète générale. Seulement, peu à peu, elle arrive à rendre cette institution pratiquement impuissante. C'est l'usage de plus en plus fréquent (vers la fin du dix-septième siècle et au commencement du dix-huitième) du *liberum veto* qui rend possible cet abaissement de la diète générale.

Le *liberum veto* dans sa forme classique, qui s'élabora lentement au cours du dix-septième siècle, permettait à un seul député de s'opposer au vote de la diète et d'arrêter les débâts. Il lui suffisait de quitter la Chambre en prononçant solennellement une de ces formules fatidiques : *Nie pozwalam, sisto activitatem...* Chose plus grave encore, c'est que la diète, étant considérée comme un acte indivisible, le *liberum veto* annulait souvent tout le travail législatif déjà effectué. De sorte que le *liberum veto* conférait à chaque député un droit strictement symétrique, quoique opposé à celui du roi. C'est de l'initiative du roi seul que dépendait chaque convocation de la diète, et c'est du bon vouloir de chaque député que dépendait sa « rupture », c'est-à-dire son annulation (1).

Cette action néfaste attirait, bien entendu, sur son auteur des reproches et la réprobation générale. Souvent on usait envers le perturbateur de persuasion et d'une sorte de contrainte morale, n'osant toutefois jamais contester la légitimité de sa démarche et la valeur du principe même de *liberum veto* (2).

Il faut rechercher l'origine de cette institution dans une certaine disposition de l'esprit polonais, où une conception spéciale de la liberté individuelle joua peut-être un rôle assez important. Mais les causes ou plutôt les conditions qui ont permis à cette tendance latente

(1) C'est le roi qui possédait le pouvoir de convoquer la diète, toujours dans le lieu indiqué par lui, et pour une période déterminée (six semaines en général).

(2) C'est ainsi que malgré le *liberum veto* un bon nombre des diètes générales ont abouti. Ce nombre peut être évalué à 40-50 p. 100 pendant toute la durée de la crise (un siècle environ).

de se réaliser si pleinement sont multiples et enchevêtrées.

Parfois, on suppose tout à fait à tort que le *liberum veto* est un vestige d'une ancienne coutume slave d'exprimer la volonté collective exclusivement à l'unanimité (1). Dans son étude sur *le Droit des minorités*, Jellinek en cite de curieux exemples chez les colons anglais en Amérique (2).

En réalité, le *liberum veto* polonais fut le résultat — pathologique si l'on veut — d'une longue évolution du droit politique. Konopczynski y voit le résultat indirect d'une fusion des deux conceptions : *l'unanimité et l'unité de l'acte de la diète générale* (3). Mais l'unanimité nécessaire aux yeux des députés pour que le vote soit valable fut elle-même le résultat d'une conception spéciale que le savant russe Kareïev désigne en soulignant l'analogie de la diète avec le *congrès*, c'est-à-dire que les nonces se sentent plutôt des *délégués* des districts (des terres qui les ont mandatés) que des représentants de toute la République (4).

---

(1) ALFRED RAMBAUD, *Histoire de la Russie*. Paris, Hachette, 1914, p. 110.

(2) Entre autres, *Fundamental Orders of Connecticut*, janvier 1638-1639. Cf. *Revue des droits privés et publics contemporains*. Vienne, 1898, pp. 440-441.

(3) Cf. KONOPCZYNSKI, La Genèse du *liberum veto*. *Revue historique* (en polonais). Varsovie, septembre-octobre 1905.

(4) Cf. NICOLAS KARÉÏEV, *Esquisse historique de la diète polonaise*. Moscou, 1888 (en russe). Voir aussi *Causes de la chute de la Pologne* du même auteur où il est écrit : «... La diète de la Rzeczpospolita, représentant en droit l'État seul, en

En tout cas, il est certain que le *liberum veto*, d'un usage d'ailleurs toujours fortement réprouvé par l'opinion publique, parvint à s'établir sous la poussée d'une décentralisation excessive de l'État (les mandats impératifs des nonces) et de la volonté de la noblesse de dominer complètement le pouvoir législatif. Une conception toute spéciale de la liberté individuelle y contribua sérieusement.

Donc si le *liberum veto* s'épanouit si complètement, ce n'est pas comme on le prétend parfois à cause d'une interprétation erronée de la constitution *Nihil novi sine communi consensu* (cette interprétation lui a fourni tout au plus un prétexte commode), mais parce que son développement était conforme aux intérêts *politiques* et *moraux* de la noblesse. Peu à peu le *liberum veto* devient, en effet, une « pupille de la liberté » une *lex legum*, le symbole vivant du régime polonais et surtout de la prétendue toute-puissance de la *szlachta*.

Mais la diète générale, étant ainsi paralysée par l'usage du *liberum veto*, ce sont donc, nous l'avons dit, les cinquante à soixante diétines (les petites diètes de districts) qui héritent de son pou-

fait revêtit le caractère d'un congrès international d'ambassadeurs délégués par des pays entièrement autonomes. » (*Revue historique*, mars-avril 1891, tirage à part, p. 4.) Il est à peine nécessaire d'insister combien cette opinion du savant russe simplifie la réalité en exagérant un seul symptôme de la crise du régime polonais.

voir et qui s'efforcent vainement de remplir son rôle difficile (1).

Or, par l'affaiblissement prolongé de la diète générale il se produit dans le fonctionnement de l'État un vide inquiétant. La vie tend à le combler en créant, ou plutôt en développant hors mesure une ancienne institution d'origine médiévale, la *confédération* (2).

Développée surtout sous l'influence des élections libres des rois, la confédération constituait un corps homogène de la noblesse. Parfois les villes aussi en faisaient partie. Elle nivelait donc les trois « ordres » dont se composait la diète générale. C'est par une simple majorité de voix que les confédérés prenaient leurs décisions en toutes matières : le seul peut-être, mais réel avantage de la confédération (3).

Tout noble, quel qu'il soit, n'importe quel groupe de citoyens — nobles bien entendu — pouvaient former une confédération. On l'organisait dans un but déterminé « près le roi », ou même parfois contre le roi. Dans ce dernier cas — assez rare d'ailleurs — elle deve-

---

(1) Cf. PAWINSKI, *Rzady Sejmikowe* (le Régime des diétines), *op. cit.*, I, 417.

(2) A consulter : AL. REMBOWSKI, *Konfederacja i Rokosz*, pp. 260-296.

(3) Cet avantage coïncidait pourtant avec l'intérêt de la noblesse qui pouvait toujours majoriser les grands seigneurs participant à la confédération. En effet, ils ne formaient qu'une minorité insignifiante et la distinction des « ordres » (le roi, le sénat...) étant abolie, ils ne pouvaient rien contre la « szlachta » plus nombreuse.

naît tout simplement une rébellion déguisée ; elle portait alors un nom d'origine hongroise : *le rokosz*.

Souvent aussi, pour éviter les inconvénients du *liberum veto*, on transformait les diètes en confédérations. Effectivement, le sort d'une confédération dépendait de la popularité du but et du mot de ralliement aussi bien que de la force et de l'influence personnelle des initiateurs.

La confédération fut, en somme, l'institution symétrique et connexe du *liberum veto*. Elle était en même temps son remède « héroïque », — héroïque dans le sens médical du mot.

Si le *liberum veto* permettait à un seul député de paralyser le fonctionnement normal du pouvoir central de l'Etat, la confédération, en revanche, ouvrait à deux battants la porte de ce pouvoir à toute initiative, à toute ambition, à toute énergie particulière.

Il faut avouer que ce remède apportait parfois la guérison : la confédération de Tyszowce contribue à sauver le pays en 1655 et la « diète de quatre ans » (1788-1792), dite la Grande Diète — qui abolit précisément le *liberum veto* et la confédération — fut elle-même instituée en confédération. Mais souvent aussi ce remède était gravement nuisible à l'intérêt général, telle la confédération de Radom, formée en 1767, pour la défense des « libertés républicaines » garanties par l'ennemi.

La confédération devenait parfois une révélation spontanée d'énergies latentes, de dévouements héroïques et attendrissants. Telle fut, par exemple, la grande et malheureuse confédération de Bar (1668-1772).

Mais, en revanche, elle pouvait devenir aussi, comme celle de Targowica, constituée illégalement en 1792 (1), un instrument docile aux mains des aventuriers et des renégats.

En tout cas, guidée par de bonnes ou de mauvaises volontés, la confédération et le *liberum veto* représentèrent les deux symptômes caractéristiques de la *crise du régime polonais*. A ces deux symptômes de la crise du régime on en ajoute généralement un troisième : *l'élection libre des rois*, c'est-à-dire l'élection directe et personnelle appelée élection *viritim*, d'après l'expression de Jean Zamoyski (2).

Cette opinion n'est vraie qu'en partie. L'élection libre des rois fut en somme un aboutissement *normal* du développement de la démocratie nobiliaire. Le roi n'était, en Pologne, qu'une sorte de président de la République élu à vie, et le principe de l'élection polonaise rappelle

---

(1) Illégalement, car le droit même de « se confédérer » fut légalement aboli un an plus tôt par la « Grande Diète » dans la Constitution du 3 mai.

(2) Toute la noblesse avait le droit de participer personnellement à l'assemblée élective. Le nombre très élevé des électeurs qui atteignait parfois 60.000 et plus contribuait, certes, bien médiocrement, à l'ordre et à la clarté du vote. Les influences étrangères se donnaient libre cours pour défendre leurs « candidats ». Ajoutons que l'assemblée élective ne pouvait pas être rompue, le *liberum veto* y étant inopérant.

singulièrement celui de l'élection du président des États-Unis. Dans un cas comme dans l'autre, la souveraineté de la nation s'affirme complètement, seuls le *modus eligendi* et les pouvoirs conférés aux élus étant différents.

Il est incontestable, d'autre part, que ce mode d'élection *viritim*, élaboré sous l'influence de l'ancien usage de la levée en masse, était nettement nuisible aux intérêts de l'État et rendait plus aiguë la crise générale du pouvoir. Ainsi, après la conquête des libertés et des privilèges, après l'introduction du système représentatif incarné depuis le quinzième siècle dans la diète générale, la noblesse victorieuse et puissante contribue sans cesse à une décentralisation excessive de l'État. L'usage de la levée en masse, l'élection libre des rois, introduite définitivement en 1573, le *liberum veto* paralysant la diète générale, ces diverses causes affaiblissent graduellement le pouvoir central, amènent la suprématie des diétines particularistes et des confédérations improvisées. Dans la seconde moitié du dix-septième siècle, tout ce mouvement aboutit à une crise prolongée dans le fonctionnement du pouvoir central. Alors commence la désorganisation, accompagnée d'ailleurs d'une réaction générale : une vague d'indifférence politique, d'intolérance religieuse et d'obscurantisme déferle sur le pays.

La folie individualiste brise la volonté collective. L'individu, tout-puissant pour paralyser, est impuissant à créer.

Au fond, toute cette désorganisation est le résultat de la stagnation.

La noblesse, saturée de conquêtes, perd son élan créateur et sa curiosité de l'inconnu. Le passé la fascine et l'avenir cesse de l'inquiéter.

XIX

LE RELÈVEMENT POLITIQUE ET SOCIAL

LA GRANDE RÉFORME : CONSTITUTION DU 3 MAI
LA FIN DU « RÉGIME NOBILIAIRE »

Cependant, au milieu de cette quiétude générale. on voit, dès la première moitié du dix-huitième siècle, se produire, sous la pression de la situation politique extérieure et intérieure, un effort organisé vers le relèvement.

Ce mouvement ascendant marque trois étapes qui se suivent de près. Il commence par un réveil de la pensée politique et sociale. Depuis le roi Stanislas Leszczynski (« La voix libre défendant la liberté ») jusqu'à la campagne courageuse et prodigieusement tenace de Stanislas Konarski contre le *liberum veto*, toute une théorie de publicistes surgit pour combattre ou défendre le régime, pour indiquer la maladie du système et ses remèdes et pour proposer les changements nécessaires. — La deuxième étape, c'est la réforme de l'éducation publique :

la *préparation du futur législateur*. Ici, de nouveau, la grande initiative de Konarski marque un pas décisif. Mais si Konarski, limité dans ses moyens, obligé de rivaliser avec l'ordre alors tout-puissant des Jésuites, doit se borner à l'éducation d'une élite peu nombreuse, la célèbre *Commission de l'éducation nationale*, disposant de grandes ressources et tout inspirée par les idées du dix-huitième siècle français, organise l'instruction publique sur une vaste échelle (1).

Le résultat de ce double effort des publicistes et des éducateurs sera la grande réforme politique et sociale de 1791. Mais déjà bien avant cette date, un grand parti, fondé par la famille des Czartoryski, réussit en 1764, après une lutte politique longue et pénible, à imposer, malgré l'opposition des puissances voisines, une réforme très incomplète, timide même, il est vrai, mais profondément significative. Ainsi le premier pas est fait : l'usage du *liberum veto* étant limité, le mode des débats amélioré, la diète générale reprend vie et force, les diétines rétrocèdent peu à peu leur pouvoir usurpé. Désormais, malgré un retour du mal (la Confédération de Radom, en 1767), provoqué d'ailleurs par une intervention étrangère, la

---

(1) La *Commission de l'éducation nationale*, fondée en 1773 après la suppression de l'ordre des Jésuites, fut, en réalité, le premier ministère de l'Instruction publique en Europe. Elle disposa des biens des Jésuites et contribua puissamment au relèvement intellectuel et moral de la Pologne.

nation commence à distinguer le chemin de la régénération et s'y engage résolument. Après l'épreuve de 1772 (le premier partage), cet essor vers la réforme libératrice se généralise en gagnant les masses nombreuses de la noblesse. L'opinion publique combat spontanément les excès du régime. Les diètes générales, malgré le *liberum veto*, reconstitué dans toute sa force et « garanti » par l'étranger, ne sont plus « rompues » ni paralysées. Bref, sous la pression de la situation politique extérieure, la noblesse et un grand nombre de magnats finissent par comprendre la nécessité urgente d'une réforme générale : l'abandon des privilèges ou plutôt la *restitution* de ces privilèges au roi (au pouvoir central), aux villes et aux paysans.

Ainsi, dès le milieu du dix-huitième siècle, se dessine un mouvement de reflux de la toute-puissance de la « szlachta ». D'abord, en 1767, elle consent à restituer, en partie du moins, la force et l'autorité au pouvoir central. Puis arrive l'heure des villes et des paysans. La Constitution du 3 mai 1791, l'œuvre de la *Diète de quatre ans* satisfait les aspirations essentielles du tiers état.

Elle *commence* aussi l'émancipation des paysans. En même temps, elle réalise entièrement et avec une sage modération les réformes politique, administrative et en partie judiciaire.

Le *liberum veto* et la confédération sont

abolis, l'élection libre des rois, supprimée. La monarchie héréditaire et constitutionnelle est instaurée. Une sorte de conseil des ministres (la Garde des lois), *responsable devant la diète*, est instituée.

Enfin, à l'instar de la « Commission d'éducation nationale », la Constitution du 3 mai établit des commissions gouvernementales de la police, de l'armée et du trésor.

Malheureusement, d'après une juste remarque d'un historien contemporain éminent, et qu'on n'accusera pas de sympathies exagérées pour la Pologne : « ... *la Constitution du 3 mai 1791, qui pouvait passer pour un chef-d'œuvre de politique réaliste,*... ne devait être que le testament de la Pologne (1) ». En effet, ses voisins coalisés s'aperçoivent vite que la proie guettée depuis longtemps reprend des forces et va leur échapper. Les événements se précipitent. Le second partage (en 1793) et le troisième (en 1795) suppriment l'Etat polonais, et cela sous prétexte que le démocratisme français se propageait en Pologne, et afin de préserver la Prusse et la Russie de la « peste jacobine (2). »

Cependant, bien que les puissances coparta-

---

(1) Frédéric Masson, La Renaissance de la Pologne. *Revue hebdomadaire*, 13 février 1915, p. 137.

(2) Voir la note de l'ambassadeur prussien Bucholtz, 23 janvier 1793. Les mêmes raisons sont invoquées dans les déclarations des chancelleries de Russie et de Prusse publiées après le second partage.

geantes s'opposassent de toutes leurs forces aux réformes réparatrices, ce grand mouvement de restitution continue. Au moment même des deux derniers partages, la Pologne s'efforce de réaliser l'émancipation partielle des paysans. Nous avons vu qu'ils étaient à peu près libres jusqu'à la fin du quinzième siècle. Depuis la diète de 1496, par contre, leur situation devient ouvertement accablante, et cet état de choses dure deux siècles et demi environ. Il est vrai que l'opinion publique, éveillée par une légion d'écrivains et de publicistes, s'émeut souvent du sort pitoyable du paysan. Elle stimule des initiatives individuelles d'émancipation. Ce qui est plus important, elle empêche, en général, que les rapports de seigneur à paysan ne soient trop inhumains.

Mais ici nous ne parlons que des mesures législatives ou des actes approuvés nettement par la majorité du pays. Or, le premier essai sérieux d'amélioration du sort de la classe rurale fut le code d'André Zamoyski, rédigé en 1778. La diète de 1780 l'approuva; mais la « garantie » étrangère, l'influence russe, le fit échouer.

La Constitution du 3 mai 1791, la vraie libératrice du tiers état, ne fait en somme qu'entamer la question paysanne.

Un grand pas vers l'émancipation complète des paysans est marqué par le manifeste de Polaniec, lancé par Kosciuszko, le 7 mai 1794.

Mais la solution définitive du problème

n'échoit que le 22 janvier 1863, quand le Comité central national (le gouvernement insurrectionnel) proclame l'émancipation complète des paysans et leur consent la propriété des terres cultivées par eux. Ces deux actes ne sont pas d'ailleurs les tentatives uniques pour résoudre la question : toute une théorie d'efforts analogues les a précédés. S'ils émergent pourtant d'une foule d'initiatives de ce genre, c'est qu'ils s'appuient nettement sur la majorité de la nation.

Ainsi le chemin d'expiation est parcouru, le redressement des torts accompli.

En même temps, avec la démocratisation de la société polonaise au dix-neuvième siècle, s'éteint peu à peu le rôle prédominant de la noblesse. Tout en restant encore le réservoir principal (mais non unique) des forces intellectuelles de la nation, elle se dissout peu à peu dans des éléments sociaux nombreux qui affluent sans cesse.

Apparue sur la scène de la vie publique au quinzième siècle, arrivée au pouvoir au seizième siècle, toute-puissante aux dix-septième et dix-huitième siècles, supportant courageusement le fardeau des désastres après les partages, la noblesse polonaise, la « szlachta » devient au dix-neuvième siècle un témoin actif du relèvement et de la continuité de l'existence morale de la nation.

XX

LES PRÉTENDUES ET LES VRAIES CAUSES DE LA CHUTE DE L'ÉTAT

L'ÉTAT VAINCU ET LA NATION VICTORIEUSE
(ORGANISATION DE LA DÉFENSE MORALE)

La « question paysanne » nous conduit au sein même du problème difficile et délicat de la chute de l'État polonais et de la survie de la nation.

Soit que le dramatisme et le déchirant pittoresque des partages les y eussent invités, soit qu'ils y fussent conviés par une nécessité de les justifier sinon de les approuver, les rares historiens étrangers qui s'occupèrent des choses polonaises tendirent ostensiblement vers l'étude de la chute de l'État polonais. Ils semblaient en général s'intéresser beaucoup plus à sa *suppression* qu'à son *existence* et à son *déclin* qu'à sa *résistance* aux plus graves malheurs et aux pires dangers. Ce point de vue exclusivement « pathologique » explique maintes erreurs et appréciations hâtives. En réalité, le problème de la chute de l'Etat polonais ne peut être posé que *dans le plan de l'existence historique de la nation* polonaise et dans le cadre de sa situation politique et sociale tant *intérieure qu'extérieure*.

Il nous serait facile de rapporter ici d'assez nombreux exemples de ces explications parfois ingénieuses mais le plus souvent étranges... Pour ne pas demeurer dans le vide, nous lisons par exemple chez A. Rambaud, dans son *Histoire de Russie*, si intelligemment et si naturellement sympathique à la cause russe (1) :

(1) Il est pourtant à noter que cette sympathie naturelle de l'auteur n'exclut pas quelque danger : au lieu de l'éclairer, elle l'aveugle parfois. Ainsi par exemple en présence d'un fait constant : l'indéracinable esprit de révolte des Kosaks, Rambaud adopte une attitude bien différente selon que cet esprit s'exerce aux dépens de la Pologne ou de la Russie. Je cite : « La religion orthodoxe persécutée par les Uniates, le servage menaçant, l'insolence des seigneurs, les rapines du juif-arendateur, le registre et sa limitation amenèrent, du seizième au dix-septième siècle, une série de soulèvements. » Les regards des opprimés et des vaincus se tournaient vers le tsar orthodoxe, le tsar russe : les populations démocratiques des Ukrainiens surmontaient leur répugnance pour l'autorité en voyant quelle violence anarchique entraînaient avec elle les libertés polonaises. » (*Op. cit.*, pp. 317-318.) Ceci, d'ailleurs, n'empêche pas l'auteur de reconnaître plus loin que « dans l'armée kosaque il existait toujours... un parti qui regrettait la domination polonaise ». (*Ibid.*, p. 361.) Et voici maintenant pour la Russie : « Ni les Kosaks du Dnieper, ni les Kosaks du Don ne pouvaient s'accommoder de l'obéissance et de la régu-

« la Pologne restait un Etat du onzième siècle au milieu des monarchies européennes qui atteignaient sur toutes ses frontières à leur maximum de puissance. Elle leur avait laissé prendre sur elle une telle avance que l'effort même pour se réformer hâta sa dissolution (1) ».

Cette évocation du onzième siècle, si elle veut dire quelque chose, c'est probablement que la Pologne au dix-huitième siècle traversait la crise politique et la période de stagnation générale que nous venons d'analyser. Or, pour rester dans le domaine des comparaisons, la Pologne à cette époque était comme un homme qui, après avoir marché trop vite, s'attarde au bord du chemin et attend ses compagnons de route... Mais ceux-ci arrivent derrière lui et le poignardent dans le dos.

En réalité, s'il existe une connexion entre le régime intérieur de la Pologne et les partages, c'est la *précocité* du développement constitu-

---

larité qui sont nécessaires à un État moderne. Plus la Russie entrait dans les voies de la civilisation et de la centralisation, plus le divorce devait s'accuser entre l'empire et les hommes de la steppe... Le règne d'Alexis qui débute par les émeutes des cités moscovites se continue par les révoltes des Kosaks. » (*Ibid.*, p. 321.)

Et l'auteur répète complaisamment la même explication des révoltes kosaques contre la Russie (incompatibilité de l'existence de « ces républiques guerrières et indisciplinées » avec l'organisation de l'État moderne) — à la page 360 et encore à la page 472 du même ouvrage. — Vérité en deçà des Pyrénées, erreur au delà !...

(1) Alfred Rambaud, *Histoire de la Russie*, 6ᵉ édit. Paris, Hachette, 1914, p. 461.

tionnel qui fut une des *conditions* de la réussite du triple attentat, dirigé par la Prusse.

On pourrait négliger l'argument spécieux de Catherine II, le « bruyant fanatisme des Polonais (1) ». Ce fanatisme existait effectivement en Pologne à cette époque, mais combien anodin, si on le compare au « fanatisme officiel » russe, aux persécutions terribles des Uniates, par exemple, qui durèrent du dix-huitième siècle jusqu'à nos jours. Vraiment, avec tout son « fanatisme bruyant », l'épithète est des plus justes, car il fut bien plus « bruyant » et verbal que réel, la Pologne, si on la *compare à ses voisins*, constitue *pendant toute son existence comme État indépendant* un vrai paradis de tolérance et de liberté religieuse.

Il est cependant une explication des partages en apparence très objective et « scientifique » : *la situation géographique de la Pologne*, le manque de frontières naturelles, d'unité géographique et d'un centre propice à l'organisation de l'État. M. Emile Bourgeois, qui se place sur ce terrain, écrit dans son *Manuel de politique étrangère :* « La Pologne n'est pas un État. La Pologne n'était pas constituée de manière à résister aux ambitions de la Russie. L'événement l'a tristement prouvé. Elle n'avait pas d'unité géographique (2). Elle

______

(1) Rambaud, *op. cit..* p. 462.
(2) Il existe pourtant des géographes d'une notoriété européenne qui sont d'un avis très différent. Cf. Saryusz, *op. cit. passim.*

était formée de trois parties distinctes : les plaines de la Vistule, qui sont la continuation de la dépression allemande de la Sprée et de la Wartha, la région du Dnieper et, entre les deux, la vallée marécageuses du Pripet, qui aurait dû être le centre de la monarchie et qui n'était qu'un lieu de passage (1). »

Le mal est que l'histoire n'ait pas découvert l'existence d'une organisation d'État dans la « vallée marécageuse du Pripet ». Par contre, tous les défauts de la situation géographique n'ont empêché l'État polonais ni de se former au dixième siècle, ni d'exister tant bien que mal, souvent même très bien *pendant neuf siècles*. Serait-ce par miracle? Ou grâce à une supériorité des Polonais dans l'art d'organiser la vie et de défendre leurs frontières?

C'est d'ailleurs cette dernière hypothèse qu'il est indispensable d'admettre si l'on veut comprendre comment le même historien (M. Emile Bourgeois) tout en avançant ce que nous venons de citer, est forcé d'écrire à la page 204 du même ouvrage et du même volume : « La Pologne était au début du dix-septième siècle une puissance redoutable, la principale puissance du Nord (2). »

(1) ÉMILE BOURGEOIS, *Manuel historique de politique étrangère.* Paris, Belin, 1892, I, pp. 568-569.
(2) *Ibid.*, I, 204. Cette contradiction n'est point un simple *lapsus calami.* En effet, l'auteur développe encore la thèse de la situation géographique défavorable à la page 266-267, ce qui ne l'empêche pas d'admettre la possibilité de la création au dix-septième siècle d' « un grand empire catho-

Mais alors, pour quelles raisons les mêmes conditions géographiques, qui permirent à l'Etat polonais de s'organiser, de durer neuf siècles et de devenir « la principale puissance du Nord » devaient-elles nécessairement le précipiter tout d'un coup dans le néant ?

Pour nous, la réponse est claire. La situation géographique n'explique ni ne justifie, tant s'en faut, le fait des partages : elle fut tout simplement une des conditions, ou mieux, *une des données du problème général de la vie et de la sécurité de l'Etat polonais.*

Enfin, voici encore une explication de la chute de l'État polonais qui semble une justification des partages.

La Pologne, lisons-nous chez Rambaud, expiait cruellement la dure servitude que sa *pospolite* (?) en pleine civilisation du dix-huitième siècle avait laissé peser sur les classes rurales... C'est une des circonstances atténuantes qu'invoquent les historiens russes ou allemands pour excuser le démembrement : le sort des paysans n'allait pas empirer sous la domination russe, il allait s'améliorer sous la domination allemande (1). »

lique... fondé dans le Nord et l'Est de l'Europe : la Baltique eût été un lac polonais... » *Ibid.*, p. 204.

(1) RAMBAUD, *op. cit.*, p. 502. — Cette opinion est d'ailleurs fort répandue en Europe. Certains publicistes y ont même trouvé un encouragement suffisant pour écrire de véritables apologies des partages. C'est ainsi que M. Henri Sensine écrit dans une revue suisse populaire (*la Semaine littéraire* du 26 décembre 1914) : « Quand on visite aujourd'hui la Pologne russe, on est frappé de la grande prospérité qui

En effet, la servitude de la classe rurale était dure, très dure en Pologne... comme ailleurs, même « en pleine civilisation du dix-huitième siècle ». Qui tenterait de le nier ? Seulement les recherches les plus désintéressées ont prouvé indubitablement que la situation du paysan polonais n'était guère plus difficile qu'ailleurs en Occident (1) ; elle était par contre, et ceci

y règne. C'est une des parties les plus prospères de la Russie. En se rappelant le passé, on se dit qu'un pareil changement n'a pu s'opérer sans la substitution d'un régime plus ou moins équitable et intelligent à l'ancien régime absolument injuste et inintelligent *qui causa la perte de la Pologne.* C'est en effet ce qui a eu lieu. » Cette apologie inattendue des partages de la Pologne (« la substitution d'un régime... ») serait vraiment stupéfiante... si elle n'était tout simplement — j'en suis persuadé — un exemple d'ignorance de la question polonaise, d'une ignorance qui désarme...

En effet, à peu près tout ce qui a été écrit au sujet de la Pologne pendant les derniers trente ou quarante ans jusqu'en 1917 est à corriger ou à refaire. Car, même les écrivains les mieux intentionnés n'ont pu éviter ce double piège de la propagande solidaire russo-allemande dont un HÜPPE (*Die Verfassung der Republik Polen*) demeure un maître incontestable.

Les historiens russes ne le cèdent pas d'ailleurs aux Allemands dans ce zèle polonophobe. Il suffit de citer les ouvrages suivants : S. SOLOVIEV, *Histoire de la chute de la Pologne.* Moscou, 1870 ; M. O. KOÏALOVITCH, *Leçons sur l'histoire de la Russie occidentale ;* enfin, N. KAREIEV, *la Chute de la Pologne dans la littérature historique* (Saint-Pétersbourg, 1888), et une étude en français du même auteur. *Causes de la chute de la Pologne,* où l'éminent historien russe défend cette thèse, digne d'être rappelée aujourd'hui, que la chute de l'État polonais ne dépendit pas de l'anarchie intérieure de la Pologne ; tout au plus cette anarchie « facilita à la Russie et à la Prusse l'accomplissement de leur tâche historique ». *Op. cit.,* p. 17.

(1) Cf. BARANOWSKI, *Ze studjów nad stosunkami prawno-*

de l'aveu même d'historiens russes des plus éminents, comme Bilbassov, infiniment plus supportable que celle du paysan russe (1).

La surabondance des discussions et des polémiques soulevées par ce problème et qui, depuis le commencement du seizième siècle ne cessent d'alimenter la littérature polonaise, prouve seulement que l'opinion publique était maintenue en éveil et que tout au moins une minorité de nobles se révoltait contre les abus du système sinon contre le système lui-même. La Russie, que les paysans fuyaient encore au dix-huitième siècle par dizaines de mille (2),

agrarnemi wsi malopolskiej w ostatnich wiekach istnienia Rzeczypospolitej. Sprawozdania T-wa Nauk. Warszawskiego, rok 1911, V, 67.

(1) « Les plaintes des dissidents polonais étouffent dans nos oreilles les gémissements des martyrs russes pour la foi et les souffrances du « bétail » polonais, détournent nos yeux des tortures du moujik russe. Évidemment, dit Bilbassov, le paysan russe... ne fuyait pas en Pologne, parce que là-bas, au delà de la frontière, régnait la liberté, la tolérance, l'humanité — ces notions ne lui étaient même pas connues ; mais en Pologne on vivait plus librement, on respirait plus facilement. » A. Bilbassov, *Histoire de Catherine II* (en russe). Londres, 1895, t. II, p. 197.

(2) Dès l'année 1762 jusqu'à l'année 1792, dit l'historien russe V. A. Bilbassov, Catherine II avait écrit 50 instructions, notes et manifestes concernant les paysans russes qui ont fui la Russie pour se réfugier en Pologne.

Dans une de ces « instructions » adressée, le 8 août 1762 au comte Keiserling, l'impératrice lui recommande expressément de s'occuper activement pour obtenir l'extradition des sujets russes, hommes réfugiés, dont plusieurs milliers habitent en Pologne et en Lithuanie, dans des villages ou dans des maisons de la noblesse, ou enfin dans des grandes « slobodas » particulières. (*In* V. A. Bilbassov, *op. cit.*, II, p. 197 n.). Et le même auteur constate : « Au dix-huitième pour se réfugier en Pologne, ne commence à s'intéresser à la question qu'à la fin même du dix-huitième siècle. Et encore l'auteur du premier appel sérieux expie cruellement, nous l'avons vu, son initiative courageuse (1).

Ces données aussi sûres qu'abondantes ont permis à un Français, auteur d'une étude bien documentée et très suggestive de conclure : « La Pologne est tombée, non pour avoir maintenu le servage, mais pour avoir voulu s'en défaire (2). » Il y a du vrai, à moins qu'il n'y ait toute la vérité dans cette assertion peut-être un peu catégorique. En effet, dans les situations les plus périlleuses pour l'existence nationale, les Polonais, poussés en quelque sorte par des forces latentes de leur passé historique, posaient avec une persistance significative le grave problème de l'émancipation des paysans.

C'est au moyen de l'élargissement des bases mêmes de la nation, c'est au moyen d'une sorte d'adoption générale des millions de paysans par la grande famille des « citoyens libres et responsables », qu'ils ont espéré sauver l'indépendance nationale menacée de trois côtés.

siècle la Pologne a joué à l'égard de l'émigration russe le rôle de la Suisse actuelle. Les services rendus par la Pologne sous ce rapport ne sont pas encore suffisamment appréciés. » *Ibid.*, p. 196.

(1) Radistch̓ev, l'auteur du *Voyage de Saint-Pétersbourg à Moscou*, ouvrage paru en 1790.

(2) Henri Grappin, La Pologne « aristocrate ». Paris, *Polonia*, 1915, n° 30.

Mais c'est alors, précisément, que les menaces redoublèrent de force et que les énergies ennemies se montrèrent plus agressives contre le foyer de la « peste jacobine ».

Ainsi les tentatives mêmes de l'abolition du servage ont précipité peut-être la fin de l'État polonais, quoiqu'il faille chercher ailleurs les causes effectives de cette catastrophe. Les conditions géographiques, et même le régime politique considéré comme un ensemble d'institutions normalement développées, ne constituent que de simples *données* du problème de la défaite. La déviation même de ce régime, la *crise politique* et ses conséquences n'étaient en somme que des *conditions favorables* aux desseins des agresseurs (1).

Il faut donc répondre à la question suivante : pourquoi, *dans les conditions historiques données*, la Pologne n'a-t-elle pas pu, car elle le voulait intensément, résister à la coalition des puissances copartageantes? Pourquoi dans une situation analogue la France a-t-elle réussi et non la Pologne?

La réponse sera une simple constatation :

(1) D'après M. Seignobos — s'il est permis de citer une opinion exprimée dans un entretien privé — la Pologne tomba, car le nombre trop élevé des Israélites empêcha le développement des villes. Entre la noblesse et les paysans se produisit « un vide complet... pas de places moyennes, pas de villes, rien, rien, rien ». Ainsi l'évolution des formes politiques fut portée sur une « voie fermée, une voie bouchée ». Je cite cette opinion un peu inattendue d'après mon journal où je l'ai notée le 5 janvier 1916, au sortir de chez l'éminent historien et professeur.

c'est qu'elle n'était pas assez forte, et la cause principale de sa faiblesse *relative* résida dans l'*infériorité du nombre*. La Pologne, à l'époque des partages, n'avait une population ni assez nombreuse ni surtout assez dense (12 millions, tandis que la France en avait 26 sur une étendue sensiblement égale) à opposer aux trois ennemis coalisés (1). Et une densité plus faible implique des réactions moins rapides et des mouvements moins sûrs, moins décisifs. La structure intérieure de la Pologne, son régime politique et la crise de ce régime ont encore accru l'action néfaste de ce facteur (infériorité du nombre).

Il y a encore un autre aspect de ce problème de la force. La Pologne était seule en face d'une coalition concertée et organisée. « Les partages » présentent donc un phénomène essentiellement européen, *essentiellement international*. La Pologne, l'État polonais a succombé faute d'une solidarité européenne suffisante (2) : contre la solidarité dans le crime ne s'éleva pas la solidarité dans le droit. Ainsi,

---

(1) T. Korzon, *Histoire intérieure de la Pologne sous le règne de Stanislas-Auguste.* Cracovie, 1882, t. I, pp. 161-170 et *passim*.

(2) Cf. M. Noir et Z. L. Zaleski, *Effort vital de la Pologne contemporaine.* Paris, Fichbacher, 1917, préface de l'auteur.

Dans la leçon d'ouverture de mon cours de polonais, le 24 janvier 1917, à l'École nationale des langues orientales, je disais qu'en étudiant les choses polonaises et surtout les partages il ne faut pas séparer le texte du contexte, c'est-à-dire le présent du passé et surtout le présent et le passé de la réalité étrangère, si puissamment mêlée à la vie polonaise.

les causes très complexes et très enchevêtrées de la chute de l'État polonais à la fin du dix-huitième siècle peuvent être ramenées ou plutôt peuvent être subordonnées à ces deux facteurs irréductibles et prédominants :

1° *La double infériorité du nombre :* infériorité absolue et infériorité de la densité de la population. A cette dernière se rattache indirectement la crise du régime, surmontée d'ailleurs avant le démembrement (1);

2° *Un manque ou une insuffisance de solidarité européenne* que la situation géographique de la Pologne semble encore aggraver.

Ici, encore une fois, la Pologne semble être victime de sa précocité historique. Depuis la politique désintéressée de Jean Sobieski au service de la civilisation chrétienne, jusqu'à « la guerre russo-polonaise » de 1830, le sentiment de la solidarité européenne, de la solidarité du monde occidental, influence nettement la pen-

---

(1) Selon Pawinski, l'accroissement total de la population *pendant deux siècles* (dix-septième et dix-huitième siècles) ne dépassait guère 16 p. 100 du nombre des habitants que la Pologne possédait à la fin du seizième siècle. D'après les calculs de Moszynski, cet accroissement pendant les deux siècles précédant les partages fut nul. Voir *Sources historiques,* t. XII. La Pologne du seizième siècle sous les rapports géographiques et statistiques, par A. Pawinski. Varsovie, 1883, I, 117-120-127.

Cette lenteur de l'accroissement de la population, qui coïncide précisément avec la grande crise du régime, ne nous paraît certes pas la cause vraie et suffisante, la *causa efficiens* de cette crise, mais il est sans nul doute son facteur biologique, ou mieux, la condition biologique de la stagnation générale de la vie.

sée politique polonaise. Ce fait apparaît surtout dans la lutte inégale de 1830, où l'armée polonaise, destinée à combattre les révolutionnaires belges et français, » se retourne contre le corps de bataille (1) » et sauve l'Occident de l'invasion moscovite. Le fait est d'autant plus digne d'être souligné que les révolutionnaires polonais de 1830 avaient nettement conscience de servir alors la cause européenne, la civilisation et la liberté occidentales menacées par l'autocratie militaire de l'Est. L'Europe, d'ailleurs, partageait entièrement ce point de vue. Elle a laissé, cependant, le danger écarté, écraser « son héroïque avant-garde polonaise ». La solidarité européenne envers la Pologne se manifeste alors d'une manière purement sentimentale et oratoire... Les politiciens de l'école bismarkienne se sont moqués souvent de cette « politique polonaise idéaliste et désintéressée ».

Au fait, les précurseurs, comme les absents, ont souvent tort : en se portant vers l'avenir, ils désertent le présent.

Malgré toute l'amertume de cet « abandon européen », la Pologne n'a jamais voulu dévier de cette ligne. La solidarité européenne, la solidarité des nations (contre ou en dehors de celle des Etats) est au centre même du messianisme polonais. — Sigismond Krasinski, un des trois grands romantiques polonais qui

____

(1) Lafayette, discours du 15 janvier 1831.

définit philosophiquement et incarne poétiquement l'idée messianiste polonaise — établit d'abord une distinction primordiale entre les nations qui sont d'essence divine et les Etats qui sont l'œuvre des hommes. Il prévoit ensuite la nécessité de christianiser les rapports entre les nations, à l'instar des rapports entre les individus depuis l'avènement du christianisme. C'est alors, dit-il, que la Pologne sacrifiée ressuscitera et rentrera dans la famille harmonieuse des nations (1).

Dans cette conception de Krasinski, qui, d'ailleurs, fut l'expression exacte de la foi de toute la Pologne, on distinguera facilement les deux éléments constitutifs : la conscience de la nécessité d'une coopération des nations libres pour que la Pologne renaisse, la tradition impérissable de l'Union polono-lithuanienne et de ses méthodes politiques : anticipation d'une pensée si difficilement réalisable même aujourd'hui.

(1) Cf. Sigismond Krasinski, *l'Aube du grand jour*.

XXI

LA DÉFENSE DE LA NATION APRÈS LA CHUTE DE L'ÉTAT

Ce n'est pas pourtant au moyen des seules conceptions romantiques messianistes réalisables dans un avenir éloigné que la Pologne entendait réagir contre le triple attentat de ses voisins. La Prusse, et surtout la Russie, où toute la vie nationale était en quelque sorte résorbée par l'Etat, ont cru, après avoir détruit l'Etat polonais, pouvoir facilement « digérer » la nation polonaise elle-même. Elles eurent à cet égard de bien désagréables surprises. Avec son intuition coutumière, Michelet explique le fait : La Pologne, dit-il, « avait beaucoup de vie, mais dispersée sur son territoire. Cette vie n'étant pas centralisée, en tuant ce qu'elle avait de central, on n'a rien tué du tout (1) ». Et il touche au fond même de la question quand il écrit dans sa langue imagée : « La Pologne que vous voyez en lambeaux et sanglante, muette, sans pouls, ni souffle, *elle vit... Et elle vit de plus en plus* (2). »

Comment donc s'exprimait cette vie de plus en plus intense qui défiait les persécutions, la dénationalisation et tous les effets des partages ?

Elle se manifeste d'abord de la façon la plus élémentaire et la plus irrésistible à la fois par *le nombre*. Au moment du premier partage, la Pologne comptait à peu près douze millions d'habitants dont la moitié seulement, c'est-à-dire six millions, étaient des Polonais de civilisation et de langue ou, si l'on veut, des Polonais de race : *gente et natione*, comme on aurait dit au seizième siècle (3). A l'heure ac-

(1) J. MICHELET, *la Pologne martyre*. Paris, Dentu, 1863, p. 99.
(2) *Ibid.*, p. 14.
(3) Nous effleurons ici un point qui prête souvent à des malentendus fâcheux. En effet, la civilisation polonaise — ou mieux latino-polonaise, — fut librement acceptée, puis vécue et même développée pendant quatre siècles environ autant qu'il était possible à cette époque par les autres habitants de la République polonaise, notamment par les Lithuaniens et les Ruthènes des deux branches. Tout Lithuanien et tout Ruthène qui dépassait le niveau des simples illettrés devenait infailliblement et automatiquement un Polonais, tout comme un Breton, un Basque ou un Bourguignon devient, en pareil cas, infailliblement un Français. Stanislas Orzechowski, écrivain de langue latine et polonaise, se déclarait au seizième siècle être *gente Ruthenus, natione Polonus*. Orzechowski fut très connu et très goûté par ses contemporains. Il est donc presque certain

tuelle, d'après les sources officielles, toujours intentionnellement pessimistes, le nombre total des Polonais (de langue polonaise) atteint vingt-cinq ou vingt-six millions. Ainsi, depuis l'époque des partages, ce nombre a *quadruplé*.

Si l'on remarque que, pendant la même période (plus de cent ans), les populations de l'Angleterre (sans l'Irlande et l'Ecosse), de l'Allemagne et de la Russie ont augmenté à peu près dans les mêmes proportions, que celle de l'Espagne n'a pas même doublé et que celle de la France ne s'est accrue que de la moitié seulement; si l'on ajoute encore, qu'à la fin du dix-neuvième siècle, le pourcentage de l'accroissement annuel de la population dépasse en Pologne celui des autres pays européens, c'est alors que le phénomène précité apparaîtra dans sa pleine signification (1). Ce phé-

que dans sa formule il a exprimé tout simplement une manière de penser et de sentir déjà généralement admise et consacrée par la vie commune. Un Lithuanien ou un Ruthène cultivé se sentait donc Polonais à peu près au même titre qu'un Provençal, un Breton ou un Alsacien d'aujourd'hui se sentent Français; un Napolitain, Italien; ou encore un Flamand, Belge. Quant aux Flamands et Belges, on peut pousser la comparaison plus loin. En effet, sous l'influence perfide de l'occupant allemand, comme chez les Lithuaniens sous l'influence des occupants russes et allemands naquit chez les Flamands un mouvement séparatiste de Flamingants : simple effet pathologique d'une situation politique anormale.

(1) Ce pourcentage d'accroissement annuel a atteint en France (l'année 1896) 0,09 ; en Suisse (1888) 0,38 ; en Suède (1870) 0,47 ; en Belgique (1890) 0,95 ; en Allemagne (1895) 1,07 ; en Russie d'Europe (1897) 1,27 ; et en Pologne (1897) 1,57. *Handworterbuch der Staatswissenschaften*, 1899, II, 655-6.

nomène est, il est vrai, plutôt d'ordre biologique que politique; mais, précisément, dans la situation où se trouve la Pologne depuis les partages, cette certitude d'avoir le nombre pour soi et l'espoir de l'augmenter, non seulement d'une manière absolue, mais aussi relativement aux voisins, cette certitude et cet espoir ont une grande importance politique. Et le fait seul, pris en dehors même des considérations politiques, signifie que la vitalité nationale est intacte et que les énergies latentes, les énergies élémentaires travaillent sans cesse à réparer, en quelque sorte, la mutilation politique due à un *accident historique* grave, mais dont le mal est parfaitement « guérissable ».

Toutefois, en augmentant ainsi sa masse, son « volume social », la Pologne courait le danger de descendre du niveau de *nation* à celui de *nationalité* ou même de devenir simplement une « étoffe ethnique » sans unité morale ni conscience collective supérieure. Heureusement, au milieu de cet épanouissement biologique, il y avait un centre vivant d'attraction et de cristallisation nationale : la tradition. Accumulée pendant quelques siècles de vie collective intense et large, la tradition polonaise constitue une puissante barrière contre l'émiettement et la dégradation nationale. Les défauts même de ses qualités semblent servir ici la Pologne autant que ses qualités elles-mêmes. Ainsi la précocité du développement politique de la Pologne a contribué certainement à rendre la tradition polonaise tellement résistante à l'action corrosive du temps et des conditions nouvelles de la vie. Evoluant autour de ces deux axes, *les libertés* et *l'Union* (le principe fédéraliste), la tradition polonaise s'étend, en quelque sorte, *parallèlement* à la marche générale de la civilisation européenne ; elle contient les germes et les indices de l'avenir. Il s'ensuit un paradoxe, d'ailleurs apparent : on peut constater que les partis avancés se rapprochent en Pologne bien plus de la tradition historique que les partis dits conservateurs ou modérés.

L'autre « défaut », utile en la circonstance, de la tradition polonaise, c'est la dispersion individualiste de l'effort national, l'anarchie apparente et parfois réelle de la vie politique avant le premier partage. « Beaucoup de vie, mais dispersée sur son territoire », comme le constate Michelet, cela veut dire, qu'au moment des partages, un grand nombre d'individus représentèrent autant de centres d'initiative et surtout de conscience nationale. Cette « dispersion de vie », tout en étant un obstacle à une action concertée, ne contribuait pas moins à la conservation et même au renforcement de *l'unité morale* de la nation. D'autre part, pour devenir des agents et des centres multiples d'organisation, il suffisait à ces volontés individuelles « dispersées » d'une orientation extérieure, d'ailleurs facile à deviner et d'une

impulsion morale que les événements fournis-
saient abondamment et que la littérature propageait avec ardeur. Ce qui advint, en effet. Le
nonce patriote des diètes générales, son
turbulent contradicteur, le passionné et éloquent candidat aux élections à la diétine
n'avaient qu'à appliquer sur un terrain nouveau
leur expérience de la vie collective, de la
psychologie politique, leur sens de la légalité
aussi bien d'ailleurs que leur faculté d'indignation et de révolte contre l'oppresseur... Car,
au fond, l'incohérence apparente ou même
réelle du régime polonais « des libertés »
n'était point défavorable au développement de
l'esprit d'organisation. Bien au contraire,
l'homme politique de l'ancienne Pologne,
guidé, ou plutôt limité dans son action par un
souci extrême de la *légalité*, souvent, hélas! aux
dépens de *l'efficacité* (1), devait nécessairement posséder l'aptitude de coordonner les
circonstances, de persuader les hommes, d'har-
moniser leurs volontés et de bien savoir exploiter leurs capacités. Ainsi, l'ancien régime
polonais, ce régime de diètes et de diétines,
d'élections libres et de confédérations improvisées, malgré toute une dispersion tumultueuse d'efforts et d'initiatives, constituait

---

(1) « L'homme d'État, dit Bohdan Winiarski, peut accuser
de faiblesse le régime politique de l'ancienne Pologne,
mais le juriste y doit admirer le souci constant de la *légalité*. » Cf. *les Institutions politiques en Pologne au dix-neuvième
siècle*. Paris, Picart, 1920, Introd., p. 41.

une véritable école de souplesse organisatrice et d'apprentissage politique. De même que, dans une classe, avant l'entrée du professeur, on y entendait le bruit incohérent des mots et des formules, mais ce bruit n'était que le signe extérieur d'un incessant travail préparatoire. Ainsi, « la vie dispersée sur tout le territoire » de la Pologne après les partages se voit nantie d'une nuée de centres multiples d'organisation et d'initiative. Leur esprit est bien différent de l'organisation à l'allemande, basée sur l'assiduité, la division du travail, la méthode... C'est plutôt une organisation spontanée et quasi improvisée, sans cadres fixes, mais souple, insaisissable et toujours prête à renaître après l'échec ou l'étouffement. Mais ce genre de faculté organisatrice est ce qu'il fallait précisément en la circonstance. Cette vie trouble, incertaine, pleine d'embûches et de dangers, exigeait avant tout le courage, la souplesse, l'initiative féconde et toujours optimiste...

Bientôt, d'ailleurs, tout cet effort organisateur de la vie se divisa naturellement en deux grands courants, « division du travail » inévitable. Ce furent la vie de *surface* et la *vie souterraine* « dans les catacombes ». D'une part, il fallait *adapter* la vie aux conditions nouvelles de l'existence ou plutôt de *l'inexistence* politique ; d'autre part, il était nécessaire d'organiser une véritable institution nationale : *la révolte*. Le mot indique aussi bien une attitude générale qu'un ensemble de moyens « illégaux » pour maintenir, coordonner et développer l'unité morale de la nation et la vie nationale elle-même.

Ainsi la lutte « égale » et la lutte « illégale », un travail d'adaptation et la révolution, voilà les deux aspects opposés de l'effort vital de la nation opprimée. C'étaient pourtant les deux faces d'une même réalité qui ne se contredisaient ni ne s'excluaient, mais qui se complétaient automatiquement.

La formation et le maintien, à travers toutes les persécutions, d'une part de sociétés secrètes patriotiques, d'associations d'enseignement et d'instruction populaire (également secrètes), la préparation de boycottages du régime officiel (le boycottage de l'école russe), et de plus de grands mouvements insurrectionnels; d'autre part, la fondation d'un organisme économique résistant, d'entreprises industrielles et financières (1), d'innombrables sociétés agricoles et coopératives, prouvent indubitablement la vigueur et la richesse des talents organisateurs de la Pologne contemporaine. Et ceux-ci s'affirment encore par la réalisation aussi prompte que solide d'entreprises et d'institutions de grande envergure, comme le Crédit foncier, la Maternelle scolaire de Varsovie, le système de l'enseignement secondaire « libre » dans le

____

(1) Le Crédit foncier polonais fut même le prototype du Crédit foncier français fondé par Wolowski.

Royaume du Congrès, l'enseignement supérieur en Galicie et comme, enfin, cette étonnante « république paysanne » de Posnanie que les Allemands eux-mêmes furent forcés d'admirer.

Il ne saurait être question ici d'indiquer toutes les initiatives et les résultats de cet effort organisateur de la vie. A cet effet, nous nous permettons de renvoyer le lecteur au petit volume consacré spécialement à ce sujet, où nous avons essayé de résumer l'ensemble des mesures et des moyens employés par la nation polonaise dans sa lutte séculaire pour l'existence.

Le résultat de cette lutte est résumé dans cette phrase, écrite en 1916 : « Par son travail politique et social, par ses sciences, sa littérature, ses arts, la Pologne a recréé à nouveau la vie nationale; *elle est prête à rentrer dans la vie commune des nations indépendantes* (1). »

Au point de vue du problème qui nous intéresse (celui de la tradition nationale et de la conception de l'ordre et de la liberté), nous insistons sur ce fait que tout cet épanouissement riche, mais un peu touffu, de l'esprit organisateur ne fut qu'un prolongement naturel de la vie publique de l'ancienne Pologne, de toute son activité libre, intense, parfois tumultueuse jusqu'à l'incohérence, maintenant *adaptée aux*

(1) M. Noir et Z. L. Zaleski, *l'Effort vital de la Pologne contemporaine*. Paris, Fischbacher, 1917, p. 69.

nouvelles conditions de la vie collective. Toutefois une évolution accélérée par les événements se produisit dans le sens de l'ordre et de la discipline. D'abord ce furent les conditions nouvelles de la vie, le rétrécissement des champs d'action qui y contribuèrent puissamment. Puis, et surtout, ce fut l'apport de forces nouvelles qui entraient continûment dans la vie nationale avec ce nouveau venu : *le paysan.* Ces masses vierges, tout en adoptant l'ancienne tradition polonaise, élaborée par la noblesse, y apportaient leur sensibilité et leur tempérament propres, un rythme nouveau de la vie... L'ordre spontané, expression du jeu libre des forces et des volontés généreusement débridées, cédait peu à peu le pas à une discipline plus sévère qu'impose au paysan le dur travail quotidien. Le prestige de l'imagination et de l'esprit semble aussi faire place à une contrainte de la matière.

Cette pénétration réciproque du « noble » et du « paysan », c'est-à-dire de l'ancienne tradition et de l'énergie nouvelle dure encore aujourd'hui et il n'est pas aisé de déterminer l'importance des réactions intérieures de cet irrésistible courant qui se précipite vers l'avenir.

XXII

LE ROLE DES LETTRES DANS L'ÉCONOMIE MORALE DE LA NATION

C'est peut-être la littérature qui fournit le moyen le plus direct d'entrer en contact avec la réalité naissante. Je pense ici, entre autres, au grand passionné de la poésie moderne polonaise, à ce « frère en inspiration et en rythme de Verhaeren (1), à Jean Kasprowicz, ce puissant fils du peuple, dont l'œuvre exprime ce choc profond de la multitude qui se heurte et s'effraie au seuil d'une nouvelle étape civilisatrice. On sent, à travers le rythme large et véhément de ses poèmes, que cette multitude enrichira la vie nationale d'une simplicité et d'une intensité nouvelle de sentir, d'une *discipline ardente du labeur et de la foi*. Le catholicisme polonais, dont la psychologie nous

(1) Voir le cycle de ses poèmes sous le titre : *Au monde qui périt*. Cracovie, 1901. — Cf. aussi notre *Hommage polonais à Verhaeren*. Paris, Flinikowski, 1917.

paraît d'ailleurs bien différente de celle du catholicisme espagnol ou italien (1), fut longtemps, chez le paysan polonais, une manière presque exclusive d'être patriote et citoyen. Mais cette opposition du tempérament polonais traditionnel et de la sensibilité nouvelle de la masse s'exprime éminemment chez deux romanciers contemporains : Stephane Zeromski et Ladislas Reymont.

A la révélation lyrique du tourment profond de l'âme populaire par Kasprowicz, Zeromski oppose l'expression frémissante et pathétique de la grande souffrance polonaise et de l'inépuisable nostalgie de la liberté... Cependant, malgré tout son désir fougueux d'être à l'avant-garde du progrès social politique et de tout progrès, Zeromski reste un éclatant et magnifique chevalier du passé, représentant de cette « noblesse par deux fois repentie » qui, dans une obsession du remords, veut se dissoudre dans la mer du peuple et, ne le pouvant pas complètement, se flagelle pour son luxe d'individualisme et de « beauté inutile ».

(1) Le catholicisme polonais me semble notamment moins exclusif, plus souple et plus « tolérant ». Une longue tradition de polémique ardente au temps de la Réforme, mais une polémique et une lutte qui n'allaient pas jusqu'aux persécutions systématiques des adversaires l'a fait plus individualiste, plus accueillant, plus large ou plus indulgent peut-être. D'autre part, le sentiment religieux intense, « la joie de croire » et d'obéir simplement semblent déborder de l'édifice majestueux des règles et des préceptes et limer, émousser un peu sa rigidité hautaine.

Dans la sonorité toute chopénienne de sa langue, dans la richesse luxuriante de son image s'incarne encore une fois la magnificence de ce « monde qui périt », mais qui périt en créant la vie et en fécondant l'avenir. Et le cri le plus spontanément sincère et le plus profond de ce poète romancier, malgré toute sa résolution d'obéir à l'ordre nouveau, c'est toujours le même cri de ralliement des anciens insurgés polonais : « Pour la liberté, pour la vôtre et pour la nôtre ! »

Ladislas Reymont, aussi « spontanément », aussi profondément, mais avec une conviction forte et reposante, exprime la réalité robuste du monde paysan. Il n'exprime pas tant ce monde nouvellement acquis à la nation, qu'il le réfléchit dans son œuvre comme dans un clair miroir. Car lui-même fils de ce milieu, « il sent l'âme de la masse, de la *gromada* autant peut-être que Zeromski sent l'âme individuelle ». Et tout en n'étant pas un remueur de problèmes, Reymont n'en exprime pas moins une vérité morale et une réalité sociale que Zeromski poursuivit si ardemment mais presque toujours en vain. C'est que l'œuvre de Reymont (1) révèle surtout une conception nouvelle de la société en Pologne où la contrainte sociale, le frein qu'elle impose à l'individu joue un rôle essentiel. Zeromski, d'ailleurs, arrive à la même conclusion dans ses derniers

(1) *Les Paysans.* Varsovie, 1904.

romans (la *Beauté de la vie*, par exemple).
Mais ce qui, chez Zeromski, résulte du raison-
nement et d'un effort mental est, chez Reymont,
de pur instinct, primitif et fort (1). Cette con-
vergence morale et intellectuelle indique d'ailleurs que l'opposition des deux mondes provient surtout d'une éducation sociale différente
et non d'une différence de race, qui est partout
la même et une. La preuve en est dans l'engouement commun et irrésistible pour l'œuvre
de Sienkiewicz, ce professeur national d'optimisme, d'un optimisme qui engendre l'action.
Le paysan aussi bien que « le noble » se sont
retrouvés de suite dans cette source limpide de
la vie affective et du tempérament polonais.

Le lecteur voudra bien excuser cette incur-
sion imprévue dans le domaine des lettres.
Elle prouve d'ailleurs combien il est difficile
d'éviter de toucher à la littérature, quand on
s'essaie aux problèmes essentiels de la vie.

Constatons donc franchement que, dans le
dur siècle de servitude et de lutte contre l'oppression, la littérature, la grande poésie nationale remplissait la fonction de gouvernement moral de la défense. La littérature populaire, la littérature de vulgarisation et surtout le roman depuis Jez et Kraszewski jusqu'à B. Prus, Orzeszkowa, Sieroszewski, Wey-
ssenhoff, Strug, Berent, Kaden et tant d'autres,

____

(1) Cf. mes conférences sur les romanciers polonais, faites
à l'École des hautes études sociales en 1916.

constituaient autant d'habiles agents et parfois de hauts commissaires de ce gouvernement suprême où siégeaient en permanence les grands romantiques (Mickiewicz, Slowacki, Krasinski) et leur héritier contemporain, Stanislas Wyspianski (1).

Le rôle de ce gouvernement des poètes fut pour l'économie morale de la nation polonaise d'une importance vitale. Il put accomplir victorieusement deux grandes tâches :

1º Il a instauré et il a épuré la religion de la patrie ou plutôt la foi dans la patrie et dans son avenir ;

2º Il a créé et organisé une discipline morale pour l'élite de la nation.

Après le désastre des partages et les échecs des mouvements insurrectionnels, le pessimisme menaçait de submerger la volonté nationale. En outre, les vainqueurs propageaient naturellement cette doctrine historique de Hegel farouchement « optimiste » que « le progrès est continu, le bien l'emporte nécessairement, *le vainqueur partout c'est le meilleur* (2) ». A

______

(1) Autour de ces Grands Quatre se groupent d'autres écrivains dont l'influence fut souvent puissante, mais d'un caractère moins déterminé dans le sens du mickiewiczien « gouvernement des âmes » tels : Cyprien Norwid, Syrokomla, Romanowski, et plus tard Marie Konopnicka, Jean Kasprowicz, Casimir Tetmayer, Staff, Ruffer.

(2) Cette théorie fut répandue en France dès 1828 par V. Cousin. Voir Lanson, la Formation de la méthode historique de Michelet. *Revue d'Hist. moderne et contemporaine*, t. VII, octobre 1905, p. 17. Au fond, la thèse serait juste, mais à condition d'appliquer ce mot « meilleur » au sens strict de

cette doctrine, le romantisme polonais paraît d'abord opposer une thèse contraire : *c'est le meilleur qui est généralement le plus faible, c'est-à-dire le plus souvent le vaincu.* D'où ce cri attendrissant et désespéré : *Gloria victis !* Ainsi, par un étrange renversement des valeurs, on voulait puiser la force morale dans le désastre même. Les inconvénients de cette attitude sautent aux yeux et bientôt la pensée polonaise se ravisa : Puisque, pour être « mauvais », « bon » ou « meilleur », la qualité *d'être* est indispensable, donc la condition absolue pour être le meilleur, c'est de pouvoir vaincre tôt ou tard dans la lutte pour l'existence. Stanislas Szczepanowski (Chtchepanovski), élève passionné et fils intellectuel des grands romantiques, définit simplement cette attitude de la Pologne vaincue, mais qui ne désespérait point de sa « revanche » : Il ne suffit pas d'être le meilleur, il faut être fort !... Cependant, il ne faut pas se laisser prendre aux embûches des dialecticiens... « L'optimisme » farouche des hégéliens, pris à la lettre, conduit directement

la « victoire ». Ainsi, par exemple, un vainqueur dans un match de boxe sera meilleur que son adversaire, mais meilleur *boxeur* seulement. Prétendra-t-il par cela même à être meilleur joueur d'échecs ou paysagiste par exemple ? Ainsi, la victoire indique bien la supériorité, mais *dans le plan de la lutte* seulement. Être vaincu par les armes ou par d'habiles intrigues diplomatiques, cela n'indique nullement une infériorité générale. La thèse « le vainqueur, c'est partout le meilleur » voulait, avant tout, excuser l'extermination du plus faible et du vaincu au nom de la prétendue supériorité du vainqueur.

à une passivité néfaste ; à une affirmation dangereuse de l'état de choses existant et à une confirmation de toutes les iniquités. C'est une attitude de lâcheté en face du mal, une fois accompli ; car les luttes durent, et il est bien aisé de se tromper, de prendre pour une juste victoire un triomphe passager. *La lutte est éternelle !* Malheur à ceux qui fuient le combat et qui désespèrent.

*
* *

Mais après la constitution de cette religion messianiste de la patrie, il fallut assumer une tâche non moins importante et certainement plus difficile, celle de l'organisation d'une discipline morale adéquate à la grandeur du devoir. Il est instructif de considérer comment, sous la poussée d'une sévère nécessité extérieure (l'oppression nationale) et sous l'impulsion des grands inspirés, une discipline morale se construit avec les éléments presque intacts de l'ancienne tradition nationale.

Au fait, la réalité morale, sinon la seule, du moins la plus « immédiate » et la plus tangible de tout l'héritage du passé, ce fut le *sentiment et l'expérience de la liberté individuelle.* Il fallut donc établir d'abord une relation stricte entre la liberté individuelle et la liberté nationale. La liberté individuelle sera désormais considérée et sentie (chez une élite bien entendu) en fonction de l'indépendance de la patrie. *L'homme n'est libre* qu'en tant qu'il lutte ou du moins qu'il travaille pour la liberté de son pays asservi, tel serait le premier décret du « gouvernement des âmes » voulu par Mickiewicz (1). Mais une telle lutte et un tel travail dans les conditions où se trouvait alors la Pologne impliquaient nécessairement un *sacrifice, librement, individuellement consenti.* La poésie romantique et toute la littérature, ainsi que toute la pensée politique indépendante s'adonnèrent avec ferveur à cet enseignement du sacrifice, de son utilité, de sa nécessité et de sa grandeur. Dans l'œuvre somptueuse de Slowacki et puis dans celle de Zeromski, cette corde résonne avec une persistance particulière. Au nom de ce dogme, il lui arrive même d'exiger un abandon partiel du bien suprême, la liberté, et d'admettre ainsi l'autorité, la hiérarchie et le principe de la contrainte.

(1) L'expression elle-même appartient à Mickiewicz qui, dans la célèbre « Improvisation » de Konrad (*les Aïeux*, III), implore Dieu de lui accorder « le gouvernement des âmes » pour sauver la patrie. Ce « gouvernement des âmes », la poésie romantique tout entière et plus tard la pensée politique libératrice, le réalisèrent.

XXIII

VERS UNE IDENTITÉ DE L'ORDRE
ET DE LA LIBERTÉ

Pourtant, c'est la liberté, toujours la liberté qui demeure au centre de la vie polonaise. Elle jaillit de l'expérience du passé et se confond presque avec la tradition historique. Elle est une réalité vivante et agissante, l'idée, l'action, l'habitude et le postulat constant de la vie. Elle se confond avec l'autonomie et le respect de la personnalité et admet l'épanouissement moral complet de l'être humain. L'idée même de la patrie n'est en somme qu'une généralisation, ou mieux, une *dilatation* de cette expérience historique vitale. C'est pourquoi la morale de la Pologne opprimée, qui fut simplement une épuration et une organisation de la tradition nationale, enseignait avec Mickiewicz :

« Et chacun de vous a dans son âme le germe des lois futures et la mesure des frontières futures. Plus vous corrigerez et agrandirez vos âmes, plus vous corrigerez vos lois et plus vous agrandirez vos frontières (1). »

Ce qui apparaît ici, c'est la volonté de lier le collectif au personnel, et d'*humaniser la société*. Ces paroles affirment encore que la patrie est avant tout une réalité d'ordre moral et qu'elle demeure indestructible tant que sa vie historique est continuée par l'effort moral de ses fils.

La même conviction, la même vérité est exprimée bien plus naïvement, d'ailleurs, par cette chanson de route, jaillie des cœurs simples et dévoués des légionnaires polonais d'Italie et que la nation éleva depuis à la dignité de son hymne :

La Pologne n'est pas morte
Tant que nous vivons...

Cependant, réalisée dans un espace social large, ouvert partout aux souffles étranges de lointaines impossibilités, la liberté polonaise acquit cette tendance vers une extension aux dépens de la cristallisation, de la consolidation et de la force... Elle fut d'un caractère nettement individualiste et d'un personnalisme marqué. Le manque de pressions sociales intérieures, de luttes intenses comme en Angleterre ou de révolutions comme en France, menaça de lui ôter ce rythme profond et dra-

____

(1) *Le Livre de la nation polonaise et des pèlerins polonais*, trad. de Ch. MONTALEMBERT, parab. xx.

matique, créateur d'héroïsme et de vie. Et le danger paraissant lointain, cette vie dévià vers une stagnation morale où le souci du décor et du geste l'emportait souvent sur celui de l'acte et de la structure intérieure de l'âme. Les perspectives illimitées de l'existence semblent estomper le dessin, effacer les lignes et rendre imprécis les contours mêmes des caractères. Enfin, même au contact des grands désastres, cette passion des libertés et de la liberté s'exprime d'abord bien plus comme une protestation lyrique du sentiment outragé que comme une réaction dramatique des volontés. Cependant, au cours du siècle dernier et sous l'influence simultanée de deux facteurs : l'oppression politique extérieure et la pression sociale intérieure, la liberté polonaise, sa conception et sa réalité, subissent une déformation sensible, sinon une transformation essentielle. Cette transformation s'oriente, nous l'avons dit, vers une cristallisation des volontés, vers une conception plus dramatique de l'existence où lutter signifie : *vivre librement.*

Mais la réalité essentielle de cette vie demeure intacte ; c'est toujours la même liberté, vécue, sentie et désirée, presque palpable, qui brille comme un phare à l'entrée du port de l'avenir. Dans ces conditions, l'ordre se conçoit comme un aspect extérieur de ce jeu naturel des volontés et des forces tendues vers la liberté. Cependant, comme le terrain de ce jeu, « l'espace social » n'est point illimité mais devient au contraire de plus en plus exigu, l'application des règles et des conventions s'y impose avec une nécessité grandissante. Comment donc et dans quel but s'élaborent ces règles et ces conventions? Ici, nous nous retrouvons de nouveau en face de la tradition. Historiquement parlant, la conception polonaise de l'ordre se construit sous l'influence lointaine, indirecte, mais forte, des méthodes de la politique jagellonnienne de l'Union.

Cet ordre serait donc imaginé et senti non pas tant comme une discipline rigide, taillée dans la sévère hiérarchie, que sous l'aspect d'une *coordination des volontés librement convaincues.*

Et comme dans l'ancienne constitution polonaise, selon la remarque de Winiarski, la légalité primait souvent l'opportunité politique, de même, et c'est un point manifestement faible, le respect de la volonté d'autrui et de la personnalité désarmait souvent l'ordre le plus ingénieusement agencé.

Mais, d'autre part, l'exubérance même de la liberté, c'est-à-dire la confusion et parfois l'incohérence des volontés, provoque toujours en Pologne une réaction naturelle et consciente, non dans le sens de l'anarchie, mais dans celui de l'épuration et de la consolidation de l'ordre. La Diète de quatre ans par exemple et son œuvre, la Constitution du 3 mai, constituèrent précisément une « réaction de l'ordre », organisée en face du danger contre le régime excessif « des libertés ». Ainsi, c'est un paradoxe, mais un paradoxe vivant et vrai que le « désordre » politique polonais fut un éducateur puissant de l'ordre et de l'esprit d'organisation.

« La Pologne, selon Michelet, semblait marcher vers un gouvernement qui ne s'est pas encore vu en ce monde, un gouvernement de spontanéité, de bonne volonté (1). »

De sorte qu'un équilibre instable entre les deux activités, *celle de s'épanouir et celle de coordonner*, tend à se perpétuer. Bien plus, cet équilibre instable, avons-nous dit, mais instable comme la vie elle-même, tend à sa limite, sans jamais l'atteindre, vers une *union*, ou mieux vers une *identité spontanée et consciente de l'ordre et de la liberté* (2).

(1) Michelet, *la Pologne martyre*. Paris, Dentu, 1863, p. 23.
(2) Voir une expression analogue chez P.-J. Proudhon.

CONCLUSION : PARALLÉLISMES
ET CONTRASTES

LES DEUX POINTS DE DÉPARTS : L'ORDRE RUSSE ET LES
« LIBERTÉS » POLONAISES, LES DEUX CONCEPTIONS
DU PATRIOTISME : LA *WOLNOSC* ET LA *SWOBODA*;
L'UNION ET L'UNIFICATION; LE DILEMME DE POUCH-
KINE ET SA SOLUTION POLONAISE : COMMENT CRÉER
LA SOLIDARITÉ SLAVE.

> « A la quiétude de l'es-
> clavage je préfère la dange-
> reuse liberté. »
> (RAPHAEL LESZCZYNSKI.)

Ce mot d'un seigneur polonais du dix-septième siècle résume en somme l'interminable
débat moral entre la Pologne et la Russie. La
Pologne préférait les risques et les dangers
« des libertés » dont l'édifice trop somptueux
se transforma peu à peu en un vaste laboratoire historique de la *liberté* polonaise, cette
stylisation harmonieuse, épurée d'égoïsme de
classe, des anciennes « libertés » nobiliaires.
La Russie ne *préférait* certes pas la quiétude

de l'esclavage — elle n'en avait pas le choix —
mais elle subissait longuement, patiemment,
la pression sévère et accablante de l'ordre autocratique.

Toute une nuée de divergences profondes
et de multiples contrastes en résulta. Nous en
avons cueilli quelques-uns, chemin faisant,
dans le présent essai. Nous avons vu comment
un ensemble de conditions géographiques put
imprimer à la Russie cette tendance générale
vers « le rassemblement » et *l'unification* des
terres qui, pourtant, semblent fuir à la péri-
phérie sa lourde étreinte, tandis qu'en Pologne
ce même facteur géographique agit dans le
sens de *l'union*, c'est-à-dire pousse la périphé-
rie vers le centre, en favorisant la réalisation
de l'union libre des peuples avec tout un ensemble de méthodes et de procédés politiques.

Nous avons signalé ensuite comment les éléments principaux de la tradition historique ont
contribué à former en Pologne le régime « des
libertés » et, en Russie, cet aspect typique de
la vie grand-russienne (moscovite) : le *nivellement*, à quoi viendra s'ajouter l'action symétrique du *mir*.

En Pologne, la persistance et la multiplicité
du danger extérieur, en diminuant la pression
sociale intérieure, favorisèrent le développement de certains traits du caractère slave qui
s'épanouirent en individualisme polonais. Celui-
ci, empreint de l'esprit généreusement transac-
tionnel de l'Union, riche en rythmes, pittoresque,

impulsif et ardent, un peu flou, surtout en comparaison de l'individualisme anglais, contribua souvent à la dispersion de l'effort collectif ; mais, sous l'influence de transformations sociales et surtout sous les coups de rudes épreuves nationales, il tend vers une cristallisation plus simple des personnalités et vers une coordination efficace des volontés. Cet épanouissement de l'individualisme, dû surtout à une très longue expérience historique du régime « des libertés », assura à la Pologne la *continuité de la tradition historique*, que ne purent rompre les pires désastres politiques. Même à travers le dix-neuvième siècle, ce siècle d'épreuves et d'effacement extérieur, les Polonais, pour user d'un mot célèbre, ont, certes, *beaucoup appris*, mais ils *n'ont rien oublié* de leur passé historique. Cette affirmation ardente du passé leur attire souvent le reproche de tendances nettement conservatrices. Soit ; il est seulement à remarquer que la tradition polonaise contient précisément *in nuce* toutes les hardiesses, parfois déconcertantes, du plus lointain progrès et toutes les anticipations politiques de l'avenir européen. Le reproche de l'esprit conservateur peut donc porter sur la *forme* et non sur le *contenu* du processus historique. Le traditionnalisme polonais s'attarde amoureusement, il est vrai, aux institutions éclatantes et en apparence surannées et, s'il se complaît à reproduire les gestes magnifiques et vains du passé, il reste aussi fidèle à leur contenu politique et moral, à leur prompt élan et à cette impatience inquiète de réaliser l'avenir. Ainsi en Pologne, comme dans la tragédie de Slowacki (1), les cendres même du passé fécondent l'avenir. En Russie, l'excès de la pression nivellatrice, autocratique, sembla tarir les sources mêmes de la vie politique et de l'initiative sociale. Placée devant ce dilemme, *la soumission ou l'extermination*, la société russe se brisa intérieurement. La dissociation sociale et la discontinuité morale de la tradition deviennent alors les traits caractéristiques de l'existence russe. Le régime autocratique, la seule réalité tangible de la vie russe (si l'on met de côté le mir), se servit de cette matière sociale dissociée et brisée pour en construire une puissante armature extérieure de l'Etat conquérant et unificateur. Mais à cette puissance politique extérieure correspondait, bien entendu, une faiblesse de liens sociaux et une fragilité extrême de solidarité intérieure de la nation.

Dans ces conditions, la liberté ne pouvait se manifester que par l'intensité du désir de rompre tous les liens et de secouer toutes les entraves. Cette liberté, ne correspondant à aucune réalité, à aucune représentation sociales, c'est l'ordre imposé du dehors qui apparaît au Russe comme une donnée immédiate de l'expérience collective. La liberté alors s'ex·

____

(1)*Lilla Veneda.*

prime en fonction de l'ordre ; elle n'est que le désir passionné de sa négation et de son annulation intégrale. Ainsi l'excès de l'ordre autocratique, abstrait et oppressif, provoque tout naturellement ces formidables *réactions destructrices*, si caractéristiques pour la Russie depuis Stenko Riazine et Pougatchev jusqu'à Trotsky et Lénine.

En Pologne, on observe, sous ce rapport, un phénomène diamétralement opposé. La vie politique de l'ancienne Pologne produisait (et souvent avec raison) l'effet d'une scintillante incohérence et d'un désordre tumultueux. Mais ce désordre et cette incohérence furent le résultat de l'excès de l'individualisme actif d'une exubérance de l'initiative et, entre autres, de *l'initiative organisatrice* (les confédérations) ; d'où ce paradoxe apparent : les *réactions organisatrices* propres au régime polonais. Sous le choc d'une défaite ou devant le danger d'enlizement, une *diminution* des libertés conduit alors spontanément à une coordination plus efficace des volontés et à la création d'un ordre vivant émanant d'une solidarité ; la solidarité condensée devient ainsi une organisation spontanée.

Cette opposition fondamentale de la vie russe et de la vie polonaise (les deux partis ont leurs défauts et leurs qualités) se reflète puissamment dans tous les domaines de l'activité sociale, morale et politique des deux nations. La patrie, par exemple, est pour le Polonais

une entité d'ordre essentiellement moral, dont
il est même enclin à négliger « le corps matériel », les conditions matérielles d'existence.

En Russie, la patrie est un concept abstrait
presque dépourvu de contenu et comme super-
posé à une entité purement matérielle.

En Pologne, un Slowacki, poète d'un radicalisme fougueux et qui flagelle passionnément
le passé n'hésite pourtant pas à s'élever vigoureusement contre « cette hideuse formule »,
appliquée à la vie nationale : être ou ne pas
être. « Le mot de notre patrie, s'exclame-t il,
est le même que celui de Dieu : *je suis, car je
suis*. C'est cette devise qui nous a protégés
pendant cent ans contre le suicide et contre le
crime (1). »

Les meilleurs esprits russes, sentant cette
séparation profonde entre leur concept abstrait
et vide de la patrie et sa réalité purement matérielle, s'efforcent parfois de vivifier la conscience nationale russe en lui insufflant un
contenu plus concret et plus immédiat à la
fois. C'est ainsi qu'un Merejkowski, par exemple,
s'en rapporte dans ses vues à la vaste « expé-

(1) Jules Slowacki, IIe Épître au prince Czartoryski.
OEuvres, t. X, pp. 282-286. Léopol, 1909. — Un modeste ouvrier de l'indépendance polonaise d'un esprit à la fois
grave et ardent, Joseph Lutoslawski, que les bolcheviks
ont fusillé à Moscou, reconnaît le même caractère d'une
réalité morale irréductible et absolue à l'idée de la patrie,
quand, paraphrasant la définition cartésienne, il écrit dans
la solitude de sa prison : « Je t'aime, donc tu existes. J'aime
la patrie, donc la patrie existe... » — Joseph Lutoslawski,
Chleb i Ojczyzna. Varsovie, 1919, p. 47.

rience religieuse » du peuple russe et le penseur original qu'est Berdaïew cherche dans le domaine sexuel un équivalent et surtout une justification du sentiment patriotique.

Cette opposition des deux patriotismes a eu, au cours de l'histoire, d'incalculables conséquences. On sait quelle surprise la Pologne démembrée ménagea durant le dix-neuvième siècle à ses oppresseurs ; elle a singulièrement grandi dans le malheur.

La Russie, il est vrai, fut très souvent apte à remporter des victoires, mais elle ne pouvait pas supporter les revers. Elle était incapable d'un grand effort moral, dont la qualité essentielle est précisément *l'extensibilité*, la faculté de grandir dans la défaite. La Russie tsariste ne pouvait vivre que de succès. Il suffisait de la battre pour l'abattre.

Cependant toutes ces différences et tous ces contrastes se résument dans cette opposition essentielle des deux conceptions russe et polonaise de l'ordre et de la liberté. Ces conceptions, nous l'avons vu, ne sont que des *stylisations* plus ou moins abstraites de deux « expériences historiques » continuellement opposées. Mais cette opposition se reflète à son tour dans les deux termes que possèdent les langues russe et polonaise pour désigner la liberté : *swoboda* et *wolnosc* (1).

Le premier veut dire *la liberté du pouvoir*

______

(1) En russe : *svaboda* et *volia*.

faire, la liberté négative, le manque d'obstacles par excellence ; elle évoque presque nécessairement un espace vide et sans bornes où toute possibilité humaine peut se réaliser ou ne pas se réaliser. Le terme *wolnosc*, au contraire, ce mot dont la racine est la même que celle de *wola* (la volonté), désigne avant tout la *liberté du vouloir*, l'action. Elle évoque non plus l'idée de liberté négative et pour ainsi dire spaciale, mais bien plutôt une liberté dynamique, un foyer d'énergie créatrice ou tout simplement une volonté autonome qui se réalise, sinon matériellement, du moins moralement par un acte intérieur.

Or, c'est vers *la swoboda* que s'orienta avant tout l'esprit russe et c'est la *wolnosc* que l'esprit polonais tend à réaliser et à organiser à travers toutes les péripéties historiques. Ainsi « l'homme éternel » russe, pour employer cette expression d'Adam Mickiewicz (1) portant sur ses larges épaules le fardeau immense de son long esclavage, dirige ses pas vers cette liberté infinie et vide bleuissant comme l'air des horizons lointains. Et comme l'*Attalea Princeps* dans le conte célèbre de Garchine (2), il préférerait peut-être, dans un élan suprême, mourir en brisant le cadre rigide et les conditions mêmes de son existence, que de vivre dans la

____

(1) MICKIEWICZ, *Cours de littérature slave.* Paris, 1845, II, p. 244, la leçon xii du 30 avril 1844.

(2) Vsevolod Garchine, un nouvelliste russe moderne, d'une sensibilité intensément vibrante et douloureuse.

prison d'une *réalité définie* et d'un espace limité.

« L'homme éternel » de la Pologne ayant déjà éprouvé l'ivresse et les dangers des « libertés », semble vouloir atteindre avant tout l'ardente sérénité de la *réalisation* (1), c'est-à-dire l'épanouissement libre et socialement coordonné de son rythme intérieur, de ce « lad » vivant qui signifie à la fois *l'ordre et la beauté*.

Enfin, cette double opposition (ordre-liberté) qui demeure au centre des deux traditions nationales, fut en quelque sorte projetée au dehors et réalisée au cours des siècles dans ce contraste de la politique polonaise de l'Union et de la politique russe de l'unification. Nous avons signalé les caractères principaux de ces deux procédés. Ajoutons une dernière remarque. Jusqu'à la guerre actuelle, il était admis de reconnaître aux méthodes politiques de l'Union polono-lithuanienne une supériorité et même une véritable grandeur morale. Par contre, on mettait en doute son efficacité politique définitive en comparaison du terrible, mais efficace régime russe de l'unification.

Devant la catastrophe des partages, les Polonais osaient à peine défendre *l'efficacité* politique de l'œuvre jagellonienne ; ils se bornaient surtout à mettre en lumière l'inhumanité du procédé russe et sa stérilité civilisatrice. La guerre actuelle vient de leur fournir un argument inat-

---

(1) L'expression préférée des « messianistes » polonais. Towianski et Mickiewicz dans son cours l'emploient très souvent.

tendu. Car aujourd'hui il est possible et plus légitime de comparer les deux catastrophes — celle qu'a subie la Pologne, luttant contre trois puissances ennemies, à la fin du dix-huitième siècle et celle dont la Russie est actuellement victime. Tandis que la tradition unificatrice persiste à travers tous les régimes — tsariste, cadet ou bolcheviste — l'édifice de l'empire des tsars, « rassemblé et unifié », au prix de tant de sang, se lézarde sous les premiers coups de la défaite et menace de s'écrouler. La Finlande, l'Esthonie, la Lettonie, l'Ukraine, le Caucase ne pensent qu'à fuir la dure étreinte du régime unificateur grand-russien (1).

Par contre, l'Union libre polono-lithuanienne offre avec le régime précédent un contraste des plus frappants. Dans les temps heureux du succès et de la prospérité, la vie commune des deux organismes politiques n'est exempt ni de tensions, ni de divergences. L'Œuvre de l'Union ne fut, au contraire, jamais plus « efficace » et plus vivante qu'aux temps des grands revers. Née d'un commun danger (teuton et plus tard moscovite), elle semble grandir en raison directe du malheur. Le nombre imposant d'hommes illustres polonais nés en Lithuanie l'affirme d'abord puissamment : le protestateur patriote (contre le premier partage) Reytan, le

(1) Cette passion et cette hâte à défaire l'œuvre des tsars, dont n'était même pas exempte Novgorod-la-Grande (unie pourtant depuis le quinzième siècle), rappellent presque les vertigineuses dislocations des anciennes monarchies asiatiques.

poète-citoyen J. U. Niemcewicz, le chef illustre militant pour la liberté en Pologne et en Amérique, Kosciuszko, le grand Adam Mickiewicz et son compétiteur poétique Jules Slowacki, puis toute une suite ininterrompue de guerriers, d'hommes de science et de lettres, d'éducateurs et d'artistes tels que Czacki, Zaleski, Malczewski, Moniuszko, Traugutt, Konarski, Mme Orzeszko, Stanislawski, Witkiewicz, et — *last not least* — Paderewski et Pilsudski (1)...

Cependant la masse du peuple n'était nullement étrangère au labeur de cette assemblée de patriotes. Chaque « complot patriotique, » chaque insurrection le prouve abondamment. Celle de 1863 nous apporte, en outre, un témoignage aussi précis qu'émouvant. Le Musée polonais de Rapperswill conserve pieusement les signatures d'une déclaration envoyée, en 1863, au Gouvernement national polonais (insurrectionnel) par les habitants des palatinats de Vilno, de Kowno, de Grodno et de Witebsk (2).

(1) Czacki, juriste et éducateur ; B. Zaleski, Malczewski, poètes romantiques ; Stanislas Moniuszko, musicien ; R. Traugutt, célèbre chef insurrectionnel en 1863; Simon Konarski, patriote-martyr ; Me. Orzeszko, romancier-patriote ; Stanislawski, peintre ; Witkiewicz, peintre et critique d'art.

(2) L'initiative de cette consultation collective appartient au Gouvernement national polonais (insurrectionnel) qui voulut répondre ainsi à une mesure provocatrice du gouvernement russe. Celui-ci, en effet, ordonna de signer, sous les pires menaces, une adresse de fidélité à l'Empereur de Russie. Pour éviter les sacrifices inutiles, le gouvernement insurrectionnel polonais recommanda de céder d'abord à cette violence et d'organiser un plébiscite de protestation. Cf. H. GRABIANSKI, *Recueil des documents relatifs à l'Union de la*

Près de 300 mille signatures furent alors recueillies. Si l'on considère que seuls les chefs de famille signaient, si l'on songe quelle somme prodigieuse d'initiative et de courage il fallut dépenser (c'était sous le régime terrible du fameux Mouraviev le Pendeur) pour participer à cette consultation de la volonté nationale, — le résultat de ce plébiscite héroïque et spontané apparaîtra vraiment comme décisif (1).

Ainsi la vie elle-même semble vouloir donner la réponse au dilemme angoissant de Pouchkine :

Les ruisseaux slaves se confondront-ils dans la mer russe ?

ou est-ce elle-même qui tarira ? — Voilà la question.

Pologne et de la Lithuanie (manuscrit gracieusement prêté par l'auteur).

(1) Le poignant débat entre l'Orient et l'Occident du monde slave continue d'ailleurs à travers toutes les péripéties de la guerre actuelle. D'abord ce fut l'effort multiple et laborieux des « évacués » pour profiter d'une lueur de liberté et pour organiser les écoles polonaises. Cet effort dut lutter alors contre les procédés un peu usés, il est vrai, de l'ancien régime bureaucratique... Puis arrivèrent les Allemands qui entreprirent tout de suite une politique contre « l'élément polonais ». Systématiques et consciencieux, se défiant des soi-disant « statistiques russes », ils organisèrent un recensement... Leur surprise fut grande et leur mécontentement très vif, car « l'élément polonais » apparut en majorité.

Enfin les Allemands partirent et la lutte reprit — cette fois entre l'aigle blanc et le drapeau rouge du bolchevisme dévastateur. Au milieu des deux partis cependant, comme au quinzième siècle, demeure et travaille sans répit une adroite intrigue allemande, soigneusement cachée derrière le paravent moderne du principe des nationalités.

Remarquons d'abord que la manière même de poser la *question* reflète déjà cette attitude « extrémiste » demeurant toujours au fond de la tradition historique russe : « le rassemblement des terres », l'unification par le nivellement et la destruction — ou l'inexistence et la mort, le tsarisme intégral — ou l'intégrale dissolution. Aucun moyen terme.

Pour les Polonais, et sans doute pour tous les autres Slaves, le dilemme de Pouchkine sonne comme un suprême défi ; car évidemment ils ne désirent ni faire tarir la mer russe, ni s'y confondre, tant s'en faut...

Mais, d'autre part, ce dilemme troublant ne leur paraît avoir aucun sens dans l'ordre moral ou politique. Pourquoi notamment la mer russe devrait-elle tarir, si elle n'est alimentée par les « ruisseaux slaves » ? Ses eaux sont-elles si basses, malgré l'immensité de leur surface agitée ? Et la grandeur, la puissance russe, enfin, ne seraient-elles donc qu'une *erreur de perspective européenne* habilement exploitée ?

Or, sur ce point, les Polonais semblent être moins pessimistes que ne l'était le plus grand poète de la Russie. Tout en combattant la surestimation, si générale en France, de la force, du facteur russe moral et même matériel, les Polonais n'en demeurent pas moins persuadés que la Russie peut vivre, se développer et prospérer seule, complètement indépendante, c'est-à-dire sans la nécessité d'atteler les autres nations slaves à son lourd « char d'État ». La tradition tsariste, si fortement enracinée qu'elle soit, n'exprime pourtant pas à elle seule toute la vie en Russie. Elle s'en ira donc peu à peu « au chemin du temps » résorbée par la vie nouvelle et transformée par un long effort collectif.

C'est précisément dans cet effort vers la *délivrance intérieure* que la Russie aura besoin d'un appui moral de son ancienne voisine meurtrie, experte en libertés, exempte de l'esprit de conquêtes : la Pologne.

Cependant, pour que cette coopération soit féconde et même possible, il faut qu'un équilibre juste et stable des deux éléments primordiaux du monde slave soit assuré : d'un côté la Russie, plus forte par le nombre, de l'autre, la Pologne supérieure par la force morale et organisatrice, réalisée dans la rénovation de l'antique idée jagellonienne. En d'autres termes, la solution du dilemme angoissant de Pouchkine, exige que des deux grandes expériences historiques —, celle que les XVe, XVIe, et XVIIe siècles ont accompli et celle qui dura de la fin du XVIIIe jusqu'au commencement du XXe la première l'emporte définitivement. Elle n'élimine point, il est vrai, ni lutte, ni tension, mais elle écarte le danger d'extermination, elle ouvre, enfin, une vaste perspective des possibilités slaves : coordination, coopération, liberté, solidarité...

INDEX ALPHABÉTIQUE DES NOMS

TABLE DES MATIÈRES

4716. — Tours, Imprimerie E. Arrault et Cie.